ÉTUDES SUR L'ANCIEN DROIT ATTIQUE

DE

LA POLYGAMIE

ET

DU CONCUBINAT

A ATHÈNES

PAR

Ludovic BEAUCHET
PROFESSEUR A LA FACULTÉ DE DROIT DE NANCY

PARIS
LIBRAIRIE
DU RECUEIL Gal DES LOIS & DES ARRÊTS & DU Jal DU PALAIS
L. LAROSE, Directeur de la Librairie
22, rue Soufflot, 22
1895

DE

LA POLYGAMIE

ET DU CONCUBINAT

A ATHÈNES

Extrait de la *Nouvelle Revue historique de droit français et étranger*
Juillet-Août, Septembre-Octobre 1893

ÉTUDES SUR L'ANCIEN DROIT ATTIQUE

DE
LA POLYGAMIE
ET
DU CONCUBINAT
A ATHÈNES

PAR

Ludovic BEAUCHET

PROFESSEUR A LA FACULTÉ DE DROIT DE NANCY

PARIS

LIBRAIRIE

DU RECUEIL Gal DES LOIS & DES ARRÊTS & DU Jal DU PALAIS

L. LAROSE, Directeur de la Librairie

22, rue Soufflot, 22

1895

IMPRIMERIE
CONTANT-LAGUERRE
LVX VITA
BAR-LE-DUC

DE

LA POLYGAMIE ET DU CONCUBINAT

A ATHÈNES.

A Athènes, malgré la situation élevée que quelques femmes peuvent avoir acquise dans la famille, grâce à l'affection et au bon sens de leur mari, le mariage n'est nullement ce lien intime et sacré qui, tout en assurant au mari la direction de l'association conjugale, adoucit singulièrement la sujétion de l'épouse par la dignité dont il l'entoure. Peut-être y eut-il un temps, antérieur à l'époque historique, où la femme athénienne était plutôt la compagne que la pupille de son mari. Mais, en tous cas, à l'époque classique, c'est-à-dire à celle des orateurs, la femme n'occupe au foyer domestique qu'un rang tout à fait secondaire. De plus, la fragilité du lien matrimonial et la fréquence des divorces, en ôtant toute sécurité à l'union conjugale, rendent la situation de l'épouse encore plus précaire et la font descendre à un degré d'infériorité qui, au témoignage d'Aristote (1), la rapproche de l'enfant et même de l'esclave.

Par contre, la femme, à notre avis du moins, est seule au foyer conjugal et elle n'a pas à craindre d'y voir une rivale lui disputer son titre. Non seulement, en effet, l'unité du mariage est admise dans le droit athénien, comme, du reste, dans toute la Grèce, mais encore l'épouse légitime n'a point à tolérer dans la famille la présence simultanée d'une autre femme, d'une concubine donnant également le jour à des enfants légitimes. S'il n'existe point entre la femme et son mari cette communauté d'idées et d'affection qui fait le fond du mariage chrétien, si le citoyen d'Athènes va souvent chercher chez les courtisanes les jouissances intellectuelles ou les

(1) *Polit.*, I, § 5 : Ὁ μὲν γὰρ δοῦλος οὐκ ἔχει τὸ βουλευτικόν, τὸ δὲ θῆλυ ἔχει μέν, ἀλλ' ἄκυρον, ὁ δὲ παῖς ἔχει μέν, ἀλλ' ἀτελές.

divertissements qu'il ne rencontre point au gynécée, l'épouse est néanmoins assurée d'être l'unique source de la famille légitime, et c'est d'elle seulement que peuvent naître les continuateurs du culte domestique.

Ces propositions ont cependant été très fortement contestées, et des savants éminents ont prétendu, d'une part, que la polygamie était autorisée par le droit attique, d'autre part, qu'il existait à côté du mariage une institution qui, bien que moins honorée, produisait des effets analogues, à savoir le concubinat légitime. Ce sont ces deux théories que nous nous proposons d'examiner successivement et nous espérons démontrer qu'elles n'ont ni l'une ni l'autre un fondement sérieux.

I. *De la polygamie.*

La polygamie, ou tout au moins la bigamie était-elle permise à Athènes? La question, bien que généralement résolue par la négative, nous paraît cependant assez délicate. Dans une opinion qui a été tout récemment défendue par Hruza (1) avec une profondeur d'érudition et une vigueur d'argumentation remarquables, le droit attique, sans autoriser formellement la bigamie, ne l'a point non plus défendue. La loi étant muette à cet égard, les citoyens avaient toute liberté pour contracter simultanément plusieurs mariages. Il ne paraît pas toutefois qu'ils aient beaucoup usé de cette liberté, quoique, eu égard à la pauvreté des sources du droit attique, les cas de bigamie qui nous sont parvenus soient relativement assez nombreux. La raison de cette prédominance incontestable du principe monogamique tient aux conditions économiques et à l'état social de la République athénienne. Un citoyen avait, en effet, toute facilité, sans recourir à la bigamie, de donner satisfaction à ses passions, et il pouvait, sans en être empêché par aucune pénalité, même civile (2), demander ouvertement aux

(1) *Beiträge zur Geschichte des griechischen und römischen Familienrechtes, II, Polygamie und Pellikat nach griechischem Rechte.*

(2) Nous estimons, en effet, que l'adultère du mari ne peut, en principe, être une cause de divorce, ἀπόλειψις, pour la femme. Mais il peut revêtir un caractère particulièrement injurieux pour celle-ci et cons-

courtisanes les distractions qu'il ne trouvait pas au foyer domestique. Les frais que lui occasionnaient ces relations temporaires avec des hétaïres étaient certes moins considérables que ceux qu'aurait entraînés l'entretien d'une seconde épouse, sans compter le souci des enfants qui auraient pu naître de cette nouvelle femme. Aussi les riches seuls pouvaient-ils songer à user de la bigamie quand des motifs spéciaux, comme des intérêts de famille ou une inclination personnelle, les y poussaient. D'autre part, la présence au domicile conjugal d'une première épouse devait, le plus souvent, être un obstacle à la conclusion d'une nouvelle union bigamique. Quelque inférieure, en effet, que fût, au point de vue juridique, la situation de la femme mariée, celle-ci prenait fréquemment la direction du ménage et, grâce à son influence ou par la menace d'un divorce, pouvait s'opposer à l'introduction dans la famille d'une nouvelle épouse. Enfin, la facilité avec laquelle le mari pouvait répudier sa femme devait également contribuer à rendre assez rares les unions bigamiques qui n'auraient été contractées par des maris que pour satisfaire une passion ordinairement inconciliable avec la présence d'une première femme dans la maison conjugale.

Telles sont les conclusions auxquelles arrive Hruza (1) et, après avoir essayé de démontrer qu'elles sont conformes aux traditions de l'âge héroïque en Grèce, il les justifie, pour le droit attique, en alléguant l'existence de plusieurs cas de bigamie qui, à son avis, résultent manifestement de certains plaidoyers des orateurs. Il tente ensuite de démontrer, en se fondant sur ces mêmes plaidoyers ainsi que sur le témoignage de certains comiques, que les mariages contractés contrairement à la coutume monogamique n'étaient point frappés de nullité, que les enfants qui en naissaient n'étaient point illégitimes et que ces unions ne soulevaient nullement le blâme

tituer vis-à-vis d'elle, du moins si elle est épiclère, ce que le droit attique nomme une κάκωσις, comme si, par exemple, le mari introduit une courtisane dans la maison conjugale. La femme est alors autorisée à recourir à l'archonte par une δίκη κακώσεως et à demander le divorce. Cf. Andocide, *c. Alcibiad.*, § 14.

(1) V. dans le même sens : Héraud, *Animadv.* 6, 14, 3, 4. — Cf. Platner, *Process und Klagen*, II, p. 246.

de l'opinion publique. La théorie de la bigamie dans le droit attique peut d'ailleurs être appuyée sur une loi rendue à l'époque de la guerre du Péloponèse et qui aurait permis aux Athéniens d'avoir simultanément deux femmes légitimes.

A notre avis, au contraire, la règle du mariage monogamique a été reçue dans le droit athénien comme dans toute la Grèce. Sans doute, à la différence de ce qui a lieu chez les nations modernes, la bigamie, à Athènes, n'est réprimée par aucune loi (ou du moins cette loi ne nous est pas parvenue), et nous ne croyons pas non plus que l'opinion publique ait dû être bien sévère à l'égard des bigames, étant donnée la tolérance dont jouissaient les maris infidèles. Néanmoins la bigamie ne saurait, selon nous, constituer un état juridique reconnu par la loi, comme aujourd'hui la polygamie chez les peuples musulmans, et un citoyen d'Athènes ne peut être engagé simultanément dans les liens de deux mariages également valables. Est-ce à dire pour cela que le second mariage qui constitue un citoyen en état de bigamie soit nécessairement nul, et que les enfants qui en naissent soient forcément illégitimes, adultérins même, comme nous dirions aujourd'hui? Non, à Athènes la sanction du principe monogamique ne peut être telle en raison de la fragilité du lien conjugal. Dans le droit attique, en effet, la rupture de ce lien est entièrement à la discrétion du mari, et celui-ci a toute liberté pour répudier sa femme par une manifestation expresse ou tacite de sa volonté. Or il est évident que, étant admise l'unité du mariage, le seul fait par le mari de prendre une nouvelle épouse avec les formes de l'ἐγγύησις implique chez lui la volonté de répudier sa première femme. Mais les deux mariages ne coexistent point, et la validité du second présuppose la dissolution du premier.

Les traditions de l'âge héroïque sont-elles conformes ou non au principe polygamique? Il nous paraît bien difficile de se former une opinion précise sur ce point. Jupiter, dit-on, aurait été bigame, et, d'après Homère (1), il aurait eu simultanément pour épouses Héra (Junon) et Léto (Latone). Mais le témoignage d'Homère est assez équivoque et Apollodore (2), au

(1) Iliade, XXI, v. 948 et s.; Odyssée, XI, v. 580.
(2) I, 3, 1. Cf. Hruza, II, p. 23.

contraire, ne donne à Jupiter qu'une seule épouse, Junon, tout en reconnaissant ses amours avec d'autres femmes. Au surplus, le maître des dieux aurait très bien pu se permettre ce qui était interdit à de simples mortels.

On a cité également l'exemple de Jason, qui aurait été marié en même temps à Médée et à la fille de Créon de Corinthe, nommée Glauké. Mais si le récit d'Athénée (1) et la tragédie d'Euripide (2) peuvent laisser supposer ici un cas de bigamie, le récit d'Apollodore (3) donne lieu de croire, au contraire, que Jason n'a épousé Glauké qu'après avoir répudié Médée. Hercule a été également qualifié de φιλογύνης par Athénée (4), de même qu'Egée et Thésée de πολυγύναιος par le même auteur. Mais il est bien difficile de savoir si les diverses unions contractées par ces héros ont été simultanées ou successives. Quant aux héros d'Homère, sauf peut-être Priam qui, du reste, était un Troyen (5), ils sont monogames, ainsi qu'en témoigne l'exemple d'Ulysse et de Nestor (6).

Il est, d'ailleurs, une tradition relative au fondateur d'Athènes, à Cécrops, qui lui attribue l'honneur d'avoir introduit à Athènes le mariage monogamique, qu'il aurait substitué à la communauté des femmes. Cette tradition est ainsi rapportée par Athénée (7) : ἐν δὲ Ἀθήναις πρῶτος Κέκροψ μίαν ἑνὶ ἔζευξε, ἀνέδην τὸ πρότερον οὐσῶν τῶν συνόδων καὶ κοινογαμίων ὄντων, διὸ καὶ ἔδοξε τισι διφυὴς νομισθῆναι οὐκ εἰδότων τῶν πρότερον διὰ τὸ πλῆθος

(1) XIII, c. 3 : Μήδεια δὲ καίπερ εἰδυῖα τὸ ἔθος ὅτι ἐστι βαρβαρικόν, οὐ φέρει οὐδὲ αὐτὴ τὸν Γλαύκης γάμον, ἤδη εἰς τὰ ἀμείνω καὶ ἑλληνικὰ ἐκδεδιῃτημένη.

(2) Médée, v. 909 et 910.

(3) I, 9, 27 : Αὖθις δὲ τοῦ τῆς Κορίνθου βασιλέως Κρέοντος τὴν θυγατέρα Γλαύκην Ἰάσονι ἐγγυῶντος παραπεμψάμενος Ἰάσων Μήδειαν, ἐγάμει. Le mot παραπεμψάμενος semble bien viser la répudiation, ἀπόπεμψις de Médée. *Contrà* : Hruza, II, p. 23 et s.

(4) XIII, c. 4.

(5) Aussi dans l'antiquité déjà, voyait-on dans la polygamie de Priam une preuve que les Troyens n'étaient point des Grecs mais des barbares. Cf. Athénée, XIII, c. 3.

(6) Od. III, v. 451 : θυγατέρες τε νυοί τε καὶ αἰδοίη παράκοιτις Νέστορος.

(7) XIII, c. 2. Cf. Schol., *ad Aristoph.*, Plut. 773 ; Justinus, *Histor.*, II, c. 6.

τὸν πατέρα (1). Sans doute, la version de certains historiens byzantins diffère de celle d'Athénée (2). Aussi, sans vouloir accorder trop de créance à la légende de Cécrops, pour en conclure à l'existence d'une loi qui aurait consacré à Athènes le principe monogamique, nous nous en servirons seulement pour dire qu'il serait téméraire d'argumenter, dans un sens comme dans l'autre, des traditions de l'âge héroïque. Il ne serait point étonnant, du reste, que l'on rencontrât à cette époque quelques cas de bigamie véritable, surtout chez les rois ou les grands. Mais la notion du mariage a très bien pu s'épurer à l'époque historique, et il s'agit de savoir si, à cette époque, en consultant non plus des légendes différemment rapportées ou interprétées, mais des documents d'une valeur bien autrement considérable, la polygamie a été admise dans le droit hellénique et spécialement à Athènes.

Suivant Hruza (3), la législation de Solon n'aurait, en ce qui a trait à notre question, apporté aucun changement au droit antérieur, qui, sans autoriser expressément la bigamie, ne la prohibait point et laissait aux citoyens toute liberté de pratiquer la monogamie ou la polygamie. Solon précisa bien les conditions de validité du mariage, de l'ἐγγύησις, mais il ne décida nulle part qu'un citoyen ne pourrait pas épouser une seconde femme alors qu'il aurait déjà une δάμαρ, et cet état de choses n'a point été modifié par la nouvelle rédaction d'Euclide. La principale preuve donnée à l'appui de la persistance de la bigamie dans le droit attique est alors tirée de plusieurs plai-

(1) Suidas, v° Κέκροψ, rapporte cette tradition en des termes analogues : Ὅτι τῶν ἀνδρῶν ὡς ἔτυχε μισγομένων ταῖς γυναιξὶ, καὶ ἐκ τούτου μὴ γινωσκομένου ἢ τοῦ παιδὸς παρὰ τοῦ πατρὸς ἢ τοῦ πατρὸς παρὰ τοῦ παιδὸς, αὐτὸς νόμους θέμενος, ὥστε φανερῶς συγγίνεσθαι αὐταῖς, καὶ μία στοιχεῖν.

(2) Voici notamment la version de Georgios Kedrenos, hist. I (*Corp. script. hist. byz.*, p. 145) : Οὗτος νομοθετεῖ τὰς γυναῖκας ἔτι παρθένους οὔσας ἑνὶ ἀνδρὶ τῷ βουλομένῳ γαμεῖσθαι καὶ μηδενὶ ἄλλῳ ἕως γὰρ θανάτου προσανέχειν· ἕως γὰρ αὐτοῦ ἀδιαφόρως ἔζων πρὸς καιρὸν μιγνύμενοι καὶ αὖθις ὅτε βούλονται, διαχωριζόμενοι, ὡς ἄδηλον εἶναι τίς ἂν εἴη τούτων πατήρ· κ.τ.λ. Cf. Joannes Malalas, Chronogr. IV (*Corp. script. hist. byz.*, p. 71); Suidas, v° Προμηθεύς.

(3) II, p. 53.

doyers des orateurs, où l'on prétend trouver des cas certains de bigamie. Nous allons les étudier successivement; nous verrons quelles conclusions on peut en tirer et nous examinerons ensuite la valeur de la prétendue loi sur la bigamie dont parlent plusieurs historiens.

Le premier cas de bigamie que l'on allègue est celui de Mantias de Thorikos, et il serait établi par les deux plaidoyers de Démosthène contre Bœotos. Ces plaidoyers ont une grande importance dans l'histoire du droit de famille à Athènes; ils ont servi successivement à étayer trois théories fort discutées, d'abord celle de la polygamie, en second lieu, celle du concubinat légitime et, en troisième lieu, celle de la légitimation des enfants naturels. Il importe donc de les étudier avec soin et de préciser le rôle joué par les diverses personnes en cause (1).

Mantias de Thorikos, un des hommes politiques les plus considérables d'Athènes, orateur influent, chargé de plusieurs missions importantes, avait épousé une femme d'une grande famille, fille de Polyaratos, et veuve de Cléomédon, fils de Cléon, le célèbre démocrate si rudement attaqué par Aristophane. De ce mariage, dont la validité ne peut faire de doute (2), naquirent deux enfants, dont l'un mourut de bonne heure, et dont l'autre, Mantithée, se maria vers l'âge de dix-huit ans, du vivant de son père, et eut une fille. La mère de ces deux enfants était décédée peu après leur naissance. Après la mort de Mantias, vers 356, des contestations s'élevèrent entre Mantithée et deux autres enfants, Bœotos et Pamphilos, que Mantias avait eus d'une autre femme nommée Plangon. Dans le premier plaidoyer, dirigé contre Bœotos seul, Mantithée soulève la question de nom, car Bœotos soutenait qu'une première

(1) V. pour l'exposé des faits sur lesquels roulent ces plaidoyers : Van den Es, *De jure familiarum apud Athenienses*, p. 104; Dareste, *Plaidoyers civils de Démosthène*, I, p. 108 et s., 129 et s.; Hruza, II, p. 33-34.

(2) La validité de ce mariage est incontestable, bien que cependant Bœotos ait paru soulever quelque doute à cet égard, du moins d'après le discours de Mantithée, qui rend probablement mal la pensée de l'orateur. II, 26 : Εἴπερ ἡ μὲν ἐμὴ μήτηρ μὴ ἦν ἐγγυητή, μηδ' ἠνέγκατο προῖκα, ἡ δὲ τουτῶν ἠνέγκατο, κ.τ.λ. Cf. §§ 28, 29.

sentence obtenue par son adversaire ne pouvait être exécutée contre lui, attendu que son nom était Mantithée et non Bœotos. De là une διαδικασία pour savoir auquel des deux compétiteurs appartenait le nom contesté. Or la solution de cette question dépendait elle-même de celle de savoir quelle était la situation de Bœotos vis-à-vis de Mantias et, par suite, quelle avait été la nature de l'union de celui-ci avec leur mère Plangon.

Plusieurs opinions ont été proposées à cet égard. Dans un premier système (1), la fille de Polyaratos seule aurait été l'épouse légitime, δάμαρ de Mantias, et Plangon n'aurait été qu'une concubine ordinaire. Dans une autre théorie, il aurait existé un mariage véritable entre Mantias et Plangon, mais ce mariage aurait soit précédé (2), soit suivi (3) celui de Mantias avec la fille de Polyaratos. Dans un troisième système, les deux mariages de Mantias avec cette dernière et avec Plangon auraient coexisté et nous aurions ici un cas de bigamie légale (4). Enfin, dans une dernière théorie, qui est la plus récente, Plangon serait une concubine légitime que Mantias aurait eue simultanément avec son épouse, concubine occupant une situation intermédiaire entre la concubine ordinaire et la femme légitime (5).

Pour résoudre la difficulté, il importe tout d'abord de relever, d'après les plaidoyers mêmes de Mantithée, certains points qui paraissent hors de doute. On y voit, en premier lieu, que, même pendant son mariage avec la fille de Polyara-

(1) Meier, Schömann et Lipsius, *Der attische Process*, p. 530 ; Van den Es, p. 104 ; Schaefer, *Demosthenes und seine Zeit*, III, 2, p. 215 ; Philippi, *Beiträge zur Gesch. der attisch. Bürgerrechtes*, p. 83 et s.; Dareste, *loc. cit.;* Caillemer, *Ann. de l'assoc. p. l'encour. des ét. grecq.*, 1878, p. 191.

(2) Platner, *Beiträge zur Kenntniss des Attischen Rechts*, p. 122 : Gans, *Das Erbrecht in weltgeschichtlicher Entwickelung*, I, p. 322 ; Zimmermann, *De nothorum conditione*, p. 15 ; Thalheim, *Prog. von Schneidemühl*, 1889, p. 7.

(3) Meier, *De bonis damnatorum*, p. 69 ; Gilbert, *Handbuch der griechischen Staatsalterthümer*, 2e éd., I, p. 511-512.

(4) Héraud, *Animadv.*, liv. VI, c. 14, §§ 2 et s.; Hruza, II, p. 32 et s.

(5) Buermann, *Drei Studien auf dem Gebiet des attischen Rechts*, supplément au *Jahrbuch für class. Philol.*, t. IX, p. 569 et s.

tos, Mantias a eu des rapports avec Plangon (1). Il est même probable que Bœotos était né de ces relations avant que Mantithée lui-même ne vînt au monde, car Mantithée n'aurait pas succombé dans un procès sur le nom si Bœotos n'avait point été, comme il le prétendait, l'aîné des enfants de Mantias (2).

Démosthène indique, d'autre part, le procédé curieux et peu loyal, à l'aide duquel les fils de Plangon sont parvenus à obtenir la situation d'enfants légitimes de Mantias. Celui-ci, après la naissance de ces enfants, ne les avait pas reconnus et ne les avait fait inscrire comme siens ni sur le registre de sa phratrie, ni sur celui de son dème (3). Mais Bœotos, devenu majeur, et réunissant autour de lui, au dire de Mantithée, toute une bande de sycophantes, dont le fameux Ménéclès, intente (4) contre Mantias une action en reconnaissance de sa paternité; il allègue que ses droits ont été méconnus et qu'il est victime d'une suppression d'état (5). Mantias recule devant le scandale d'un procès qui peut compromettre sa situation politique (6), et il n'a qu'un moyen pour échapper à cette re-

(1) Or. II, § 27 : Ἐκείνη (la mère de Mantithée)..... τὸν βίον ἐτελεύτησεν, ἡ δὲ τούτων μήτηρ Πλάγγων καὶ πρότερον καὶ μετὰ ταῦτα εὐπρεπὴς τὴν ὄψιν οὖσα ἐπλησίασεν αὐτῷ. Il ne résulte point de ce passage que, comme le prétend Hruza (II, p. 33), Plangon ait eu des relations avec Mantias avant le mariage de celui-ci avec la fille de Polyaratos, mais seulement avant le décès de celle-ci. Il importe de faire cette observation, si l'on n'admet point la bigamie de Mantias et si l'on décide en même temps que son union avec Plangon était légitime.

(2) Hruza, II, p. 33. Il n'y a donc pas lieu de tenir compte des affirmations contraires de Mantithée. Or. I, § 27.

(3) C'est pour cela que, jusqu'à leur légitimation (s'il est permis d'employer ce mot), les fils de Plangon prenaient part aux chœurs d'enfants dans la tribu Hippothoontide, qui était celle de leur mère, et non dans la tribu Acamantide, qui était celle de leur père. Or. I, § 23.

(4) Probablement tant en son nom qu'au nom de son frère Pamphilos.

(5) Or. I, § 2 : Τῆς πατρίδος ἀποστερεῖσθαι. Cf. Or. II, § 3. — On peut également entendre cette expression en ce sens que la conduite de Mantias exposait Bœotos à être privé de son droit de cité, de sa patrie. Cf. Hruza, II, p. 40, note 39.

(6) C'est ce que laisse entendre Mantithée lorsqu'il dit (Or. I, § 3)

connaissance, c'est d'obtenir de Plangon qu'elle jure que Bœotos et Pamphilos ne sont pas les enfants de Mantias (1). C'est qu'en effet, dans le droit attique, la recherche de la paternité est permise aux enfants d'une mère athénienne et la preuve se fait au moyen du serment de la mère (2). Mantias offre en conséquence à Plangon une somme de trente mines pour qu'elle refuse le serment qu'il va lui déférer au sujet de ses enfants. Elle promet de le refuser, mais, sur la délation qui lui en est faite, elle accepte le serment contrairement à sa promesse et déclare que Bœotos et Pamphilos sont bien les enfants de Mantias. Les prétentions de Mantias sont, dès lors, réputées établies et Mantias, privé de tout moyen d'attaquer la sentence arbitrale rendue à la suite de ce serment (3), n'a plus qu'à en subir les effets et à faire recevoir dans sa phratrie les deux fils de Plangon, et il les y fait inscrire lors des fêtes apaturiques. Mais la mort de Mantias étant survenue avant l'inscription des fils de Plangon sur les registres du dème, Bœotos se présenta devant l'assemblée du dème et s'inscrivit lui-même sous le nom de Mantithée, au lieu de celui de Bœotos, nom que le fils issu de l'union de Mantias avec la fille de Po-

que son père craignait de se présenter devant le tribunal de peur d'y rencontrer quelques-uns de ceux qu'il avait pu blesser autrefois étant aux affaires.

(1) Devant le refus immédiat de Mantias de les reconnaître, les fils de Plangon avaient formé ce que l'on nomme, dans la procédure attique, une πρόκλησις (V. Meier, Schömann et Lipsius, p. 898), c'est-à-dire avaient demandé que le serment fût déféré à leur mère sur la question de paternité. Devant cette πρόκλησις, Mantias se trouve dans l'alternative, ou bien de la décliner et de reconnaître ainsi implicitement la véracité des allégations de ses adversaires, ou bien de l'admettre et de remettre ainsi la solution de la qestion à Plangon qui, selon toute vraisemblance, ne prêtera point un serment défavorable à ses enfants.

(2) C'est ce que dit formellement Aristote, en faisant précisément allusion au cas de Mantias. *Rhétor.* II, 23 : Ὅτι περὶ τῶν τέκνων αἱ γυναῖκες πανταχοῦ διορίζουσι τἀληθές. τοῦτο μὲν γὰρ Ἀθήνησι Μαντίᾳ τῷ ῥήτορι ἀμφισβητοῦντι πρὸς τὸν υἱὸν ἡ μήτηρ ἀπέφηνεν, κ.τ.λ.

(3) Mantithée (Or. I, § 4) considère bien Mantias comme tenu de s'incliner devant cette sentence, sans possibilité de l'attaquer : Εἰσάγειν

lyaratos prétendait lui appartenir exclusivement. Il n'est donc pas nécessaire de chercher longtemps pour découvrir cette fraude, inexplicable suivant certains auteurs (1), commise par Plangon au détriment de Mantias, et qui constitue le principal grief de Mantithée contre son adversaire. Elle consiste à avoir induit Mantias, par une fausse promesse, à lui déférer un serment que Plangon accepte ensuite, au lieu de le refuser, comme c'était convenu, et à avoir ainsi justifié et rendu nécessaire la condamnation de Mantias. Si Mantithée avait eu à se plaindre, de la part de Plangon, d'une fraude autre que celle que nous venons d'indiquer, il n'aurait pas manqué de la signaler (2).

La fraude commise par Plangon eut non seulement le résultat que nous avons déjà indiqué, elle entraîna après le décès de Mantias, le partage de sa succession en trois parts égales entre Bœotos et Pamphilos, fils de Plangon, et Mantithée, né de la fille de Polyaratos. Mantithée, tout en admettant ses frères au partage égal, prétend prélever un talent pour la dot de sa mère, tandis que Bœotos et Pamphilos allèguent, de leur côté, que la mère de Mantithée n'a apporté aucune dot et que leur mère Plangon, devenue l'épouse légitime de Mantias, a

εἰς τοὺς φράτερας ἦν ἀνάγκη τούτους, καὶ λόγος οὐδεὶς ὑπελείπετο. Dans le second plaidoyer (§ 41) il dit de même : Διότι τῆς μητρὸς αὐτῶν ὀμοσάσης καὶ τοῦ διαιτητοῦ καταγνόντος ἠναγκάσθη ὁ πατὴρ ἡμῶν ἐμμεῖναι τῇ διαίτῃ. Peut-être cependant cette opinion de Mantithée n'est-elle pas fondée. Si, en effet, à Athènes, l'appel n'est pas possible contre les décisions des arbitres privés, il l'est contre celles des arbitres publics (Meier, Schömann et Lipsius, p. 986; Gilbert, I, p. 435). En supposant donc, ce qui est probable, que la sentence eût été rendue, dans l'espèce, par un arbitre public, Mantias aurait pu en appeler en formant une ἔφεσις εἰς δικαστήριον. Toutefois le doute est possible, car la même expression, διαιτητής, sert à désigner en même temps les arbitres publics et les arbitres privés. Cf. Hruza, II, p. 40, note 37. — Mantias aurait également pu intenter une action fondée sur la violation de la foi promise et sur la fraude de Plangon. Mais il avait, pour garder le silence, le même motif qui l'avait décidé à recourir à un compromis plutôt que de s'adresser aux tribunaux, à savoir le désir de ne pas compromettre sa situation politique.

(1) Van den Es, p. 109, 110; Philippi, p. 86. — Cf. Meier, Schömann et Lipsius, p. 530.

(2) Buermann, p. 576; Hruza, II, p. 37, note 28.

elle-même apporté une dot de cent mines. Sur la question du nom, Mantithée succomba ; il triompha, au contraire, sur la question concernant la dot de Plangon (1). Quant au procès concernant la dot de la mère de Mantithée, nous ne pouvons en connaître le résultat.

Étant donnés les faits que nous venons d'exposer, il s'agit de déterminer la nature des relations de Plangon avec Mantias. Au premier abord, on pourrait croire que Plangon n'était qu'une simple concubine. Mantithée parle d'elle, en effet, dans des termes qui laissent supposer une situation irrégulière et non point un mariage légitime, surtout quand on les rapproche de ceux dont il se sert pour qualifier l'union de sa mère avec Mantias (2). Comment, d'autre part, expliquer que, si les fils de Plangon étaient issus d'une union légitime, Mantias ait refusé de les recevoir dans sa maison même après la sentence arbitrale rendue à la suite du faux serment de Plangon certifiant la filiation de ces enfants (3)? On allègue également en ce sens que l'intrigue ourdie par Plangon n'aurait été nullement nécessaire si cette femme avait été l'épouse légitime de Mantias (4). On peut dire enfin qu'en présence de l'origine de Plangon, fille d'un débiteur du fisc, il est plus vraisemblable d'admettre l'existence d'un concubinat que celle d'un mariage entre elle et un homme occupant une aussi haute situation que Mantias.

Nous n'hésitons pas cependant à affirmer, conformément à l'opinion générale, qu'il existait entre Mantias et Plangon un mariage véritable. Mantithée, en effet, ne nie jamais en termes formels l'existence d'une semblable union, et s'il parle de l'engyésis de sa mère, il ne dit nulle part que Plangon n'a jamais été ἐγγυητὴ à Mantias. Cette allégation d'un simple

(1) Arg. or. II, § 30. Cf. Hruza, II, p. 34.

(2) Or. I, § 26 : Γάμῳ γεγαμηκὼς τὴν ἐμὴν μητέρα, ἑτέραν εἶχε γυναῖκα. — Or. II, § 8 : Τὴν μὲν τοίνυν μητέρα τὴν ἐμὴν οὕτως ὁ πατήρ μου γήμας εἶχε γυναῖκα ἐν τῇ οἰκίᾳ τῇ ἑαυτοῦ..... τῇ δὲ τούτων μητρὶ Πλαγγόνι ἐπλησίασεν ὅντινα δή ποτ' οὖν τρόπον. οὐ γὰρ ἐμὸν τοῦτο λέγειν ἐστίν. — II, § 27 : Ἡ δὲ τούτων μήτηρ Πλάγγων καὶ πρότερον καὶ μετὰ ταῦτα εὐπρεπὴς τὴν ὄψιν οὖσα ἐπλησίασεν αὐτῷ. — Cf. II, § 5.

(3) Van den Es, p. 107.

(4) Philippi, *loc. cit.*, p. 83.

concubinage entre son père et la mère de ses adversaires eût été cependant toute naturelle et aurait constitué un des meilleurs arguments à l'appui de sa cause. En vain objecterait-on la modération de langage dont Mantithée se targue d'user vis-à-vis de Plangon (1), car l'orateur ne se gêne nullement pour parler à chaque instant de la fraude commise par celle-ci, et qui a eu pour résultat de le dépouiller des deux tiers de la succession paternelle. Il n'avait aucun motif pour épargner Plangon à d'autres égards en s'abstenant de la qualifier de concubine, si elle l'avait été réellement.

On ne peut non plus, pour justifier l'existence d'un simple concubinat, se prévaloir de la différence des expressions employées par Mantithée pour qualifier les deux unions de son père. Nous observerons d'abord que Mantithée avait un certain intérêt à ne pas reconnaître trop ouvertement le mariage de Plangon et à jeter ainsi des doutes sur la légitimité de ses adversaires. Au surplus, dans plusieurs passages de ses discours, il reconnaît implicitement le caractère légal de l'union de Mantias et de Plangon. Ainsi il qualifie celle-ci de γυνή (2), expression qui sert à désigner la femme légitime et non la concubine. Mantias et Plangon sont donc à ses yeux, ἀνὴρ καὶ γυνή (3), c'est-à-dire mari et femme (4).

(1) Or. II, § 49 : *Αἰσχύνομαι λέγειν περὶ ἐκείνης τι φλαῦρον.*

(2) V. Or. I, §§ 23, 26 ; II, §§ 27, 29. — Quand, au § 26 du premier plaidoyer, Mantithée dit en parlant de Mantias, ἑτέραν εἶχε γυναῖκα, il faut voir dans cette ἑτέρα γυνή non point, comme le prétend Buermann, *(loc. cit.)*, une femme d'une autre sorte, mais une autre femme de la même sorte que la fille de Polyaratos. Si, en effet, Mantithée avait voulu dire que Plangon n'était point l'épouse légitime, δάμαρ, de Mantias, il l'aurait exprimé en termes non équivoques. Cf. Hruza, II, p. 36, note 24.

(3) Or. I, § 23, II, § 29.

(4) Hruza (II, p. 36) argumente encore du § 27 du second plaidoyer, où il est dit : ὥστε πολὺ μᾶλλον εἰκὸς ἦν αὐτὸν διὰ τὴν ζῶσαν γυναῖκα, ἧς ἐρῶν ἐτύγχανε τὸν τῆς τεθνεώσης υἱὸν ἀτιμάζειν ἢ δι' ἐμὲ καὶ τὴν τετελευτηκυῖαν τοὺς ἐκ τῆς ζώσης καὶ πλησιαζούσης αὐτῷ παῖδας μὴ ποιεῖσθαι. D'après cet auteur, Mantithée semble mettre ainsi Plangon sur le même pied que sa mère. Mais nous serions plutôt porté à y voir une preuve du contraire et de la déconsidération de Plangon.

L'existence d'un mariage légal avec engyésis entre Mantias et Plangon découle, d'une manière plus certaine encore, d'autres passages des plaidoyers. Ainsi d'abord, si Plangon n'avait été qu'une simple concubine, ses fils n'auraient jamais songé à réclamer une dot de cent mines qui, d'après eux, aurait été constituée à leur mère par leur grand père. Si l'on songe à l'usage dont parle Isée (1), et d'après lequel ceux qui donnent leurs filles (2) en concubinat ont soin de stipuler à leur profit une certaine somme, il y a lieu de croire que Mantias aurait plutôt dû payer que recevoir la somme réclamée par Bœotos comme équivalant à la dot de sa mère. Si, d'autre part, Plangon n'eût été qu'une concubine, Mantithée n'aurait pas omis d'employer un argument décisif pour repousser les prétentions de ses adversaires relatives à la dot de Plangon, en disant qu'il ne pouvait y avoir de dot puisqu'il n'y avait pas de mariage. Il s'efforce, au contraire, de réfuter, en fait, la demande de Bœotos en exposant la situation de Pamphilos, père de Plangon qui, suivant l'orateur, est mort étant encore débiteur de l'État. Mantithée conclut en disant : « Comment mon père aurait-il pu recevoir une somme quelconque provenant des biens de Pamphilos, lorsque ces biens n'ont pas même suffi pour payer la dette de Pamphilos? » Et il ajoute, qu'à supposer même qu'il fût resté quelque chose à Pamphilos, ce ne serait pas Mantias qui aurait recueilli cet excédent, mais les fils de Pamphilos (3).

Nous trouvons une preuve plus manifeste encore de l'existence du mariage de Plangon avec Mantias dans ce que raconte Mantithée au sujet du serment prêté par Plangon dans le procès de paternité intenté par Bœotos contre Mantias. Bœotos fonde son action sur la loi qui oblige le père à reconnaître et

(1) *De Pyrrhi hered.*, § 39.

(2) C'est là du moins l'opinion générale. Nous aurons à voir ultérieurement si elle est fondée.

(3) Or., II, §§ 22 et 23. Cf. Zimmermann, p. 12; Gilbert, I, p. 512; Hruza, II, p. 35. Van den Es (p. 110) est obligé de reconnaître qu'on ne peut s'expliquer autrement la réclamation de Bœotos relative à la dot de Plangon, attendu que les concubines n'ont pas de dot.

à introduire dans sa phratrie les enfants qu'il a eus en légitime mariage avec une citoyenne. Mantias s'y refusant, pour une raison quelconque, probablement parce qu'il a des doutes sur sa paternité (1), ses prétendus enfants recourent naturellement à la πρόκλησις dont nous avons parlé. Mais alors sur quoi va porter le serment de Plangon dont dépend la solution de la difficulté? Est-ce, comme on l'a prétendu (2), sur le point de savoir s'il existait un mariage légal entre elle et Mantias, mariage qui serait la condition de la légitimité des enfants? Nullement; c'est, comme le déclare l'orateur à deux reprises différentes, uniquement sur la question de paternité, de filiation (3). Si l'existence du mariage avait été mise en question par Mantias, et si elle n'avait point été reconnue par tous les intéressés, le serment aurait, au contraire, porté sur le point de savoir si Plangon avait été ἐγγυητὴ à Mantias. Le serment est donc exclusivement un serment de paternité (4). C'est bien ainsi, du reste, qu'Aristote le comprend lorsqu'il nous dit que « à Athènes, Mantias l'orateur niant que l'enfant fût de lui, en admit le témoignage de la mère » (5). Cette interprétation résulte enfin nécessairement de ce que nous dit Mantithée des effets du serment prêté par Plangon. Selon l'orateur (6), après ce serment, « il n'y avait plus rien à dire, » et tout recours se trouvait fermé à Mantias. C'est donc que le seul moyen que celui-ci possédait et qui lui fut ainsi enlevé,

(1) Or. II, § 9 : Τοῦ πατρὸς οὐκ ἂν φάσκοντος πεισθῆναι ὡς οὗτοι γεγόνασιν ἐξ αὐτοῦ.

(2) Van den Es, p. 109; Philippi, p. 86, — Cf. Ciccotti, *La famiglia nel diritto attico*, p. 41.

(3) Or. II, § 10 : Ὀμόσαι ἦ μὲν τοὺς παῖδας ἐξ αὐτοῦ γεγονέναι. — Or. I, § 4 : Ἡ δὲ δεξαμένη οὐ μόνον τοῦτον ἀλλὰ καὶ τὸν ἀδελφὸν τὸν ἕτερον πρὸς τούτῳ κατωμόσατο ἐκ τοῦ πατρὸς εἶναι τοῦ ἐμοῦ, ὡς δὲ τοῦτ' ἐποίησεν, εἰσάγειν εἰς τοὺς φράτερας ἦν ἀνάγκη τούτους καὶ λόγος οὐδεὶς ὑπελείπετο.

(4) Hruza (II, p. 37) observe, avec raison, que l'action de Bœotos contre Mantias tendant à la constatation de sa filiation ne se comprend que si Bœotos affirme être le fils légitime, γνήσιος, de Mantias, et, par suite, né de sa femme légitime. En effet, les enfants nés hors mariage, les νόθοι, n'ont point d'anchistie.

(5) *Rhétorique*, II, 23 : V. *suprà*, p. 10, note 2.

(6) Or. I, § 4.

c'était de mettre en question sa paternité, d'où il faut conclure, *a contrario*, que Mantias ne pouvait point contester son engyésis avec Plangon, ni sa qualité de citoyenne. Si, en effet, Mantias avait été antérieurement en droit de soulever une semblable contestation, ce n'est pas le serment prêté par Plangon sur la seule question de paternité qui aurait pu l'empêcher d'user de ce droit ultérieurement et de triompher dans son refus de reconnaître Bœotos. Non seulement il n'aurait pu être contraint d'introduire dans sa phratrie les fils de Plangon, mais, de plus, la loi n'aurait pas permis aux phatores de le recevoir (1). Enfin, si Plangon n'avait pas été son épouse légitime, Mantias se serait parjuré en faisant admettre dans sa phratrie Bœotos et Pamphilos, car la condition de toute admission est le serment prêté par celui qui présente l'enfant à la phratrie que cet enfant est né d'une citoyenne athénienne et en légitime mariage (2).

Plangon était donc bien l'épouse légitime de Mantias. Peu importe, après ce que nous venons de dire, que Mantithée parle d'elle quelquefois en des termes qui s'appliqueraient plutôt à une concubine qu'à une épouse, car c'est l'intérêt de l'orateur de déconsidérer Plangon, bien qu'il se défende hypocritement de dire du mal d'elle. Peu importe, d'autre part, que Mantias ait refusé de recevoir chez lui Bœotos et Pamphilos. Ce refus se comprend très bien si l'on songe qu'il a eu la main forcée par la fraude de Plangon. Enfin cette fraude, loin d'être une objection contre notre interprétation, ne se conçoit, au contraire, que dans l'hypothèse d'un mariage entre Plangon et Mantias, car autrement, ainsi que nous l'avons démontré, elle n'aurait pu avoir aucun résultat (3).

(1) Buermann, p. 575-576. Cf. Lipsius, sur Meier et Schömann, p. 550, note 139; Gilbert, I, p. 512.

(2) Isée, *de Apollod. her.*, § 26. — La démonstration se complète encore, si l'on admet que les enfants nés en légitime mariage jouissent seuls du droit de cité. Mantithée reconnaît, en effet, dans deux passages différents, que ses frères consanguins jouissent du droit de cité. Or II, § 42 : Οὗτος αὐτὸς κατὰ γνῶσιν διαιτητοῦ ὑμέτερος πολίτης γεγενημένος. — II, § 48 : Διὰ τὰ ἐκείνου ἁμαρτήματα ὑμέτερος πολίτης γενόμενος. — Cf. Or. I, § 34 : Ἀγάπα δ' ὅτι σοι πόλις, οὐσία πατὴρ γέγονεν.

(3) Quant à la circonstance de la célébration de la δεκάτη, ou fête

Étant admis que Plangon a été la femme légitime de Mantias, il s'agit de déterminer l'époque à laquelle ce mariage a existé. Dans la théorie de Hruza, ce mariage aurait coexisté avec l'union de Mantias et de la fille de Polyaratos, et nous aurions ici un cas de bigamie. D'après cet auteur (1), l'union de Plangon avec Mantias existait déjà à l'époque où celui-ci épousa la fille de Polyaratos, puisque Bœotos est l'aîné, et elle durait encore à l'époque de la naissance de Pamphilos, puisque celui-ci est également reconnu comme fils légitime de Mantias. Elle a persisté, du reste, jusqu'à la mort de ce dernier, car, de l'aveu de Mantithée, les relations de Mantias et de Plangon avaient toujours continué. Mantias avait ainsi simultanément deux femmes légitimes qu'il entretenait dans deux maisons séparées, séparation qu'il a maintenue après la mort de la fille de Polyaratos (2). Mantithée reconnaît lui-même qu'après avoir épousé sa mère, Mantias aurait pu prendre une autre femme et entretenir un double ménage (3). Il y a donc bigamie certaine, puisque l'on tient pour un mariage légal l'union de Plangon et de Mantias.

Nous n'admettons point cependant la bigamie de Mantias. Elle paraît, *a priori*, inadmissible si l'on songe au caractère de Mantias et au soin qu'il prenait de ne pas compromettre sa situation. En présence des idées nettement monogamiques de ses concitoyens, il ne se serait point évidemment exposé à s'aliéner les sympathies de la famille de Polyaratos, famille qui

de famille du dixième jour après la naissance de l'enfant, il n'y a pas lieu d'y attacher une grande importance pour la solution de notre question, car on ne peut savoir si réellement elle a eu lieu. Bien que contestée par Mantithée, la célébration de la δεκάτη est affirmée par deux témoins. (Or. I, § 22; II, §§ 28 et 59). Il est probable, d'ailleurs, que l'allégation de Bœotos concernant la célébration de la δεκάτη a été admise par le juge appelé à trancher la question du nom, car autrement Bœotos n'aurait pas eu gain de cause sur ce point. Hruza, II, p. 38. — Cf. sur la δεκάτη : Hermann-Blümner, *Lehrbuch der griechischen Privatalterthümer*, p. 182; Schömann, *Antiquités grecques*, trad. Galuski, II, p. 650 et s.

(1) II, p. 41.

(2) Or. II, §§ 2, 9, 13, 50, 51.

(3) Or. I, § 26.

devait être très influente, en contractant, du vivant de sa première femme, une union avec la fille d'un individu aussi déconsidéré que le père de Plangon. On ne peut nier, il est vrai, que, quoique déjà marié à la mère de Mantithée, il n'ait eu des relations avec Plangon : Mantithée lui-même l'avoue, mais en des termes qui n'impliquent nullement l'existence d'un mariage double et simultané. Il faut observer, en outre, que Mantithée envisage uniquement comme une simple hypothèse (1) le fait par Mantias, après avoir épousé sa mère, d'avoir pris une autre femme et entretenu un second ménage, et que l'orateur se contredit à ce sujet dans ses deux plaidoyers (2).

Il est, à notre avis, bien plus vraisemblable d'admettre que les deux mariages de Mantias ont été non point simultanés, mais successifs. Il reste alors à savoir lequel des deux a précédé l'autre. Au premier abord, il semble plus naturel de donner l'antériorité au mariage de Mantias avec Plangon. Bœotos, en effet, se dit l'aîné de Mantithée, et cette prétention a, selon toute probabilité, été consacrée par le juge saisi du procès περὶ ὀνόματος : c'est donc que Mantias s'est marié en premier lieu avec Plangon. Il a ensuite divorcé quand son intérêt, triomphant momentanément de sa passion pour la fille de Pamphilos, l'a décidé à épouser la fille de Polyaratos. Mantithée ne parle point, il est vrai, d'un semblable divorce, mais son intérêt était de le passer sous silence, car le divorce supposait la dissolution du mariage préexistant et, par suite, entraînait la légitimité des enfants nés de la première union. Ce divorce a pu, du reste, passer facilement inaperçu grâce à la simplicité des formes de la répudiation. Mantithée nous dit, sans doute, que les rapports de Mantias avec Plangon duraient encore après le décès de sa mère, au moment de la mort de Mantias lui-même. Mais il n'y a rien d'étonnant à ce que Mantias ait renoué, après le décès de sa première femme, des relations qui existaient avant son second mariage et qui s'ex-

(1) Or. I, § 26.

(2) Dans le second plaidoyer, (§ 51), il parle du grand train de Plangon et nous la montre abusant de la passion de Mantias pour exiger de lui de grandes dépenses. Dans le premier plaidoyer (§ 26), au contraire, Mantithée se demande comment, si Mantias avait entretenu un double ménage, il aurait pu laisser de l'argent comptant.

pliquent par les séductions de Plangon. On peut, dans cette hypothèse, comprendre pourquoi Bœotos et Pamphilos se rendaient d'abord aux danses de la tribu Hippothoontide, qui était celle de leur mère, dont ils avaient naturellement suivi le sort, après son divorce, puisqu'ils n'étaient pas encore reconnus par Mantias.

Bien que cette interprétation soit assez séduisante, nous penchons plutôt pour celle d'après laquelle le mariage de Plangon a suivi l'union de Mantias avec la fille de Polyaratos. L'hypothèse contraire paraît, en effet, trop compliquée. Elle suppose, ce qui n'est nullement établi, que les relations de Plangon avec Mantias étaient antérieures au mariage de celui-ci avec la mère de Mantithée. Or, tout ce que dit ce dernier, à propos de ces relations, c'est qu'elles avaient commencé avant le décès de sa mère et qu'elles avaient continué depuis (1). Mais il ne les place nullement à une époque antérieure au mariage de sa mère. Il est probable que Mantias, emporté par sa passion, a voulu régulariser, après le décès de sa première femme, une situation fausse en épousant Plangon. L'interprétation que nous repoussons encourt également le reproche de supposer un divorce auquel il n'est pas fait la moindre allusion dans les deux plaidoyers contre Bœotos. On peut par contre, tirer en faveur de notre manière de voir, un argument très sérieux du procès sur la dot de Plangon. Si le mariage de Plangon avait été dissous antérieurement à celui de Mantias avec la fille de Polyaratos, Mantithée n'aurait pas manqué, pour combattre l'argumentation de son adversaire en ce qui concerne la dot de Plangon, de lui demander pourquoi il n'avait pas réclamé plus tôt une dot dont le divorce aurait nécessité la restitution et pourquoi il aurait attendu le décès de Mantias pour formuler ses réclamations à cet égard. Nous ajouterons, en ce sens, que l'intrigue ourdie par Plangon et ses fils pour faire reconnaître ceux-ci par Mantias, s'agite peu de temps avant la mort de ce dernier, puisque Mantias décède avant d'avoir pu procéder à l'inscription de Bœotos et de Pamphilos sur les registres du dème. (2) Or, si

(1) Or. II, § 27. V. *suprà*, p. 9, note 1.
(2) Or. I, § 5.

Plangon avait été la première femme de Mantias, il est probable qu'elle n'aurait pas attendu si longtemps pour agir. La seule objection sérieuse que l'on puisse faire à cette manière de voir, c'est que Bœotos est vraisemblablement l'aîné de Mantithée, puisque celui-ci a succombé sur la question de nom. Ce n'est là toutefois qu'une supposition, contre laquelle proteste Mantithée (1). On peut, du reste, très bien admettre que Bœotos soit l'aîné, sans être forcé pour cela de placer le mariage de Plangon avant celui de la fille de Polyaratos, car les relations de Mantias avec Plangon avaient commencé pendant le mariage de celui-ci avec la mère de Mantithée, et dès lors, Bœotos a pu naître avant son adversaire. Si l'on part alors de cette idée que Bœotos est l'aîné, il faut voir dans la reconnaissance par Mantias des enfants de Plangon, à la suite du serment prêté par celle-ci, une sorte de légitimation par voie d'adoption, hypothèse qui viendrait alors justifier les expressions employées par Mantithée pour désigner cette reconnaissance (2).

Quelle que soit d'ailleurs la conclusion à laquelle on s'arrête relativement à l'époque du mariage de Plangon, les divers arguments que nous avons exposés pour établir le caractère de l'union de Plangon avec Mantias nous conduisent à écarter sans hésitation l'opinion de Buermann (3) qui voit dans cette union un concubinat légitime et non un mariage. Rien, dans les termes ni dans le fond des plaidoyers qui nous occupent, ne fait supposer que les deux unions contractées par Mantias aient été d'une nature différente (4), et s'il fallait

(1) Or. I, § 27.

(2) Mantithée se sert, en effet, des expressions ποιεῖσθαι (Or. I, §§ 4, 6, 18, 29, etc.) et ποίησις (Or. I, § 20) qui sont également usitées pour désigner le fait d'adopter et l'adoption. V. Meier, Schömann et Lipsius, p. 541. — En tous cas, ainsi que l'observe Lipsius (sur Meier et Schömann, p. 531, note 140), l'emploi de ces expressions prouve que, dans la pensée de l'orateur, les νόθοι *ex concubina cive* ne peuvent acquérir la plénitude des droits de filiation qu'au moyen d'une semblable ποίησις, et c'est là une objection très sérieuse contre la théorie de Buermann sur le concubinat légitime.

(3) P. 574 et s.

(4) Le principal argument tiré par Buermann des plaidoyers contre

admettre la bigamie de Mantias, nous pencherions plutôt, avec Hruza, pour la bigamie légale que pour le prétendu concubinat légitime.

On a prétendu trouver un second cas de bigamie, plus certain encore que celui dont nous venons de parler, dans le plaidoyer d'Isée concernant la succession de Philoctémon (1). Ce plaidoyer présente, d'ailleurs, un grand intérêt à d'autres points de vue, car il a servi, comme le discours contre Bœotos, à justifier, d'une part, la théorie du concubinat légitime, d'autre part, celle de la légitimation des enfants naturels.

Voici les faits dont parle Isée dans son plaidoyer. Euctémon, père de plusieurs enfants qu'il avait eus de son mariage avec la fille de Mixiade, s'éprit, dans sa vieillesse, d'une affranchie nommée Alké. Celle-ci lui persuada d'introduire dans sa phratrie, en l'y présentant comme son fils, un enfant qu'elle avait eu, selon toute probabilité, d'un affranchi du nom de Dion. Mais Philoctémon, l'aîné des enfants légitimes d'Euctémon, s'opposant à cette introduction, et ayant décidé les phratores à s'y refuser, Euctémon, pour vaincre la résistance de Philoctémon, ἐγγυᾶται la sœur de Démocrate afin d'introduire dans sa maison les enfants qu'il aurait d'elle (2) Philoctémon, craignant de voir sa part héréditaire ainsi réduite, renonce, sur le conseil de ses parents, à son opposition et consent à l'introduction de l'enfant dans la phratrie, mais sous la condition que celui-ci ne prendra dans la succession paternelle qu'un seul fonds de terre. Par contre, Euctémon renonce à son second mariage.

Telles sont les circonstances rapportées par Isée. On a fait

Bœotos paraît fondé sur l'expression ἑτέρα γυνή dont se sert Mantithée pour désigner Plangon. Mais, à nos yeux, cet argument ne prouve rien. Il n'y a pas de raison, si l'on admet la théorie du concubinat légitime, pour attribuer la qualité d'épouse à la fille de Polyaratos plutôt qu'à Plangon, en réservant à celle-ci le rôle de concubine, car toutes les suppositions reposent sur un plaidoyer assez confus et embrouillé auquel on ne saurait accorder une grande autorité.

(1) Reiske, *Orat. att.* VII, p. 157; Hruza, I, p. 27 et II, p. 44. — Cf. Meier et Schömann, 1re éd. p. 406, note 86; Gilbert, I, p. 513.

(2) *De Philoct. her.* § 22 : Ὡς ἐκ ταύτης παῖδας ἀποφανῶν καὶ εἰσποιήσων εἰς τὸν οἶκον.

alors le raisonnement suivant : à l'époque où les faits se sont passés, Euctémon était uni en légitime mariage avec la fille de Mixiade, et ce mariage n'était point dissous. La preuve en est qu'à la mort d'Euctémon, la mère de Philoctémon (fille de Mixiade) est encore désignée et traitée comme son épouse (1). C'est donc qu'Euctémon a été réellement bigame. Peu importe qu'il ait renoncé à son deuxième mariage quand les phratores ont consenti à recevoir l'enfant d'Alké, car il n'en avait pas moins, pendant un certain temps, été marié simultanément à la fille de Mixiade et à la sœur de Démocrate. Du moment donc qu'il y a eu engyésis avec cette dernière, il y a eu par cela même bigamie de la part d'Euctémon, puisque l'engyésis suffit pour former le mariage et qu'il n'est parlé nulle part de la dissolution par le divorce du précédent mariage d'Euctémon avec la fille de Mixiade.

A notre avis, les faits rapportés dans le plaidoyer d'Isée ne supposent point la bigamie d'Euctémon, et il est facile de les interpréter autrement. En effet, comme Luzac (2) l'a très bien démontré, il est fort probable qu'à l'époque où Euctémon a voulu introduire dans sa phratrie le fils d'Alké, il avait divorcé avec la fille de Mixiade. Il est bien difficile d'expliquer autrement sa conduite, et, en admettant qu'il n'ait pas renvoyé sa femme du domicile conjugal, c'est lui qui, en tous cas, l'a complétement abandonnée pour aller vivre avec Alké (3). Si l'orateur ne parle point en termes formels de ce divorce, il le

(1) V. §§ 29 et 30 où elle est traitée de γυνή.

(2) *De Digamia Socratis, Lectiones atticæ*, p. 60.

(3) § 21 : Τελευτῶν παντελῶς διῃτᾶτο ἐκεῖ, c'est-à-dire chez l'affranchie Alké. — Luzac dit, à ce sujet : « Nihil fateor, de divortio, in oratione Isæi reperitur, neque vero id ad causam pertinebat : sed res ipsa clamat. Quum, ætate licet provectior, Euctemon, primum, per speciem mercedis pro locata domo exigendæ tabernam Alces, quam mulierem ipse meretrici amoris causa emerat Dionique cuidam collocaverat, quotidie frequentaret, mox ibi pranderet, cœnaret, totasque dies consideret, graves illi cum uxore, cum liberis exortæ sunt discordiæ et rixæ. Tandem in apertum discidium atque adeo in divortium res abiisse videtur, quod tamen divortium ille, qui insaniam Euctemonis συμφορὰν modo vocaverat, boni ominis causa atque per urbanitatem illam, ingenio attico propriam, silentio premit aut tectis tantum verbis significat. » Cf.

laisse clairement entendre en exposant la séparation de fait qui existait entre Euctémon et sa femme. De plus, le client d'Isée, dont le but était de persuader aux juges que l'enfant d'Alké, présenté par ses adversaires comme né d'un légitime mariage contracté par Euctémon, après la dissolution du premier, avec une femme nommée Callipe, était sans droit à la succession litigieuse, n'avait aucun intérêt à parler de ce divorce. Si, en effet, il y avait fait allusion, les juges auraient pu être amenés à admettre plus facilement que la seconde épouse attribuée à Euctémon avait donné le jour à l'enfant dont il s'agissait. On ne comprend guère, enfin, comment les adversaires d'Isée auraient pu parler du second mariage contracté avec Callipe et des enfants nés de cette femme, si le divorce d'Euctémon avec sa première femme n'avait point été un fait constant. Si ce divorce n'avait pas eu lieu, le client d'Isée n'aurait pas négligé de reprocher à ses adversaires leur impudence à vouloir prétendre qu'il avait épousé Callipe sans répudier préalablement la fille de Mixiade (1). Au surplus, à supposer que le divorce n'eût pas encore été accompli au moment où Euctémon a procédé à son engyésis avec la sœur de Démocrate, ce divorce, eu égard au caractère de la répudiation dans le droit attique, et l'absence de toute formalité pour l'ἀποπομπή (2), a très bien pu résulter tacitement du seul fait de l'engyésis avec une autre femme, étant donnés surtout les mauvais rap-

Schömann, sur Isée, p. 334.—Il résulte, d'autre part, des §§ 39-41 du plaidoyer, qu'au moment de sa mort Euctémon vivait séparé de sa femme et de ses filles légitimes.

(1) Zimmermann, p. 17. Cet auteur se prévaut en ce sens, du § 11 où il est dit : « Ὅτι δ' ἄλλην τινὰ ἔγημε γυναῖκα ἐξ ἧστινος οἵδε αὐτῷ ἐγένοντο, οὐδεὶς τὸ παράπαν οἶδεν οὐδ' ἤκουσε πώποτε ζῶντος Εὐκτήμονος. « Quæ verba, dit-il, uxori repudio non dicto fieri non potuerunt, immo si matrimonium solutum non esset, hoc fere modo oratori colligendum erat : Euctemonem cum alia muliere sponsalia non fecisse, vel inde apparet, quod usque ad diem supremum legitima sua uxore usus est. Sed nihil ejus modi dicitur » (Cf. § 64). — Cf. Meier, Schömann et Lipsius, p. 502, note 64.

(2) V. Caillemer, in Daremberg et Saglio, *Dictionnaire des antiquités grecques et romaines*, v° *Divorce*, p. 313 ; Meier, Schömann et Lipsius, p. 511.

ports qui existaient entre Euctémon et la mère de Philoctémon. Si donc, comme c'est à peu près certain, le mariage d'Euctémon avec cette dernière était dissous par le divorce lors de son engyésis avec la sœur de Démocrate, Euctémon n'a point été bigame (1).

Il faut observer, en outre, que le second mariage a été moins un fait accompli qu'une menace suspendue sur la tête de Philoctémon pour vaincre la résistence de celui-ci à l'introduction dans la phratrie de l'enfant d'Alké. Il y a bien eu engyésis, mais à supposer, ce qui est d'ailleurs controversé, que cet acte suffise pour la formation du mariage, il n'y a point eu cependant γάμος, consommation du mariage (2). Lorsqu'en effet Philoctémon se fut désisté de son opposition, Euctémon renonca de son côté à ce qui était encore plutôt un projet qu'un fait accompli, et les termes mêmes dont se sert Isée pour parler de cette renonciation de la part d'Euctémon, montrent qu'à ses yeux il n'avait pas existé un véritable mariage entre ce dernier et la sœur de Démocrate (3).

Buermann (4), sans admettre la bigamie d'Euctémon, en ce sens que celui-ci aurait eu simultanément deux épouses légi-

(1) Buermann (p. 592), afin d'établir la possibilité pour Euctémon d'être engagé simultanément dans les liens d'une double union (mariage et concubinat légitime, suivant cet auteur) se fonde sur le mode d'argumentation d'Isée au § 11. L'orateur, dit-il, sans contester *a priori* l'impossibilité d'une double union légitime, allègue seulement, en fait, que personne n'a entendu parler de la seconde union d'Euctémon. Mais cet argument de Buermann est sans valeur si l'on admet le divorce d'Euctémon et de la mère de Philoctémon.

(2) Le γάμος, suivant Gilbert (I, p. 512), aurait entraîné la dissolution du premier mariage d'Euctémon.

(3) § 24 : Ἀπηλλάγη τῆς γυναικὸς ὁ Εὐκτήμων. Le mot ἀπηλλάγη montre qu'il s'agit simplement du renvoi de la sœur de Démocrate et non d'un divorce mettant fin à un véritable mariage, car s'il y avait eu divorce, l'orateur aurait employé l'expression consacrée ἀπέπεμψε τὴν γυναῖκα. Gilbert I, p. 513. — Isée dit ensuite, il est vrai, en parlant d'Euctémon : καὶ ἐπεδείξατο ὅτι οὐ παίδων ἕνεκα, ἀλλ' ἵνα τοῦτον εἰσαγάγοι. Mais cela peut signifier seulement qu'en agissant ainsi Euctémon montrait qu'il *voulait l'épouser,* non pour en avoir des enfants, mais pour pouvoir introduire dans la phratrie l'enfant d'Alké.

(4) *Loc. cit.*, p. 571 et s.

times, enseigne qu'Euctémon, tout en conservant sa première femme, fille de Mixiade, avait voulu prendre la sœur de Démocrate comme concubine légitime, au moyen d'une engyésis, et afin d'avoir d'elle des enfants légitimes. Sans doute, si l'on admet la théorie du concubinat légitime, cette union bien qu'inférieure au mariage, aurait suffi à Euctémon pour atteindre le but qu'il poursuivait, c'est-à-dire pour effrayer Philoctémon par la perspective d'avoir à partager la succession paternelle avec d'autres enfants légitimes nés de la nouvelle union. Mais alors il serait singulier que l'orateur n'y eût pas fait la moindre allusion et qu'il eût employé, au contraire, des expressions de nature à témoigner que l'intention d'Euctémon était de prendre non point une concubine, mais une épouse(1). Il ne faut donc pas plus songer à voir dans notre plaidoyer un cas de concubinat légitime (2), qu'un cas de bigamie.

Le troisième cas de bigamie dont les plaidoyers des orateurs Athéniens fourniraient la preuve, serait celui dont parle Andocide à propos de Callias (3). Les faits rapportés par cet orateur sont les suivants. Un nommé Callias avait épousé la fille d'Ischomaque. Puis, pour citer les termes mêmes d'Andocide, Τούτῃ δὲ συνοικήσας οὐδ' ἐνιαυτὸν τὴν μητέρα αὐτῆς ἔλαβε, καὶ συνῴκει ὁ πάντων σχετλιώτατος ἀνθρώπων τῇ μητρὶ καὶ τῇ θυγατρί, ἱερεὺς ὢν τῆς μητρὸς καὶ τῆς θυγατρὸς, καὶ εἶχεν ἐν τῇ οἰκίᾳ ἀμφοτέρας καὶ οὗτος οὐκ ᾐσχύνθη οὐδ' ἔδεισε τὼ θεώ. La fille, préférant la mort à une telle situation, essaie de se suicider, puis divorce, ἀποδρᾶσα ἐκ τῆς οἰκίας ᾤχετο. Callias ayant, à son tour, assez de la mère

(1) § 24 : Ὁ Εὐκτήμων καὶ ἐπεδείξατο ὅτι οὐ παίδων ἕνεκα ἐγάμει, ἀλλ' ἵνα τοῦτον εἰσαγάγοι. § 25 : Τί γὰρ ἔδει αὐτὸν γαμεῖν, ὦ Ἀνδρόκλεις, εἴπερ οὐδὲ ἦσαν ἐξ αὐτοῦ καὶ γυναικὸς ἀστῆς, ὡς σὺ μεμαρτύρηκας. Il résulte manifestement de ces passages qu'Euctémon, s'il n'a point réellement procédé au γάμος, et cela par suite du désistement de Philoctémon, avait du moins l'intention de le faire. Or, d'après Buermann (p. 574), le γάμος est le signe caractéristique du mariage et qui sert à le distinguer du concubinat légitime. Donc, ou bien il y a contradiction dans l'argumentation de Buermann, ou bien cet auteur doit renoncer à voir une application de sa théorie dans le plaidoyer d'Isée.

(2) Hruza, I, p. 28, 29 ; Zimmermann, p. 18 ; Gilbert, I, p. 210 et 512.

(3) Andocide, *De mysteriis*, § 124 et s.

nommée Chrysias, la renvoie (ἐξέβαλε). Mais celle-ci se prétend enceinte et met au monde un enfant que ses parents maternels demandent à Callias de présenter à la phratrie comme son fils. Callias désavoue cet enfant en jurant qu'il n'est point de lui et, en conséquence, l'introduction dans la phratrie n'a point lieu. Callias, ayant plus tard renoué ses relations avec Chrysias, présente alors le même enfant à ses gennètes, en reconnaissant cette fois sa paternité, et, malgré l'objection tirée par Callidès de la contradiction que présentent les deux affirmations successives de Callias, l'enfant de Chrysias est admis dans la *gens*. Andocide rapporte, en outre, que ce même Callias, bien que cohabitant encore avec Chrysias (ταύτῃ δὲ συνοικῶν), voulait prendre pour femme la fille d'Epilykos (βούλεται τὴν Ἐπιλύκου θυγατέρα λαβεῖν). Hruza (1) voit dans les faits qui précèdent un double cas de bigamie de la part de Callias, le premier absolument certain, celui de Chrysias, où l'inceste se joint même à la bigamie, et le second plus douteux, mais du moins en projet, celui de la fille d'Epilykos.

Nous estimons, au contraire, que l'on peut très bien interpréter le récit d'Andocide sans être obligé d'admettre la bigamie de Callias. En ce qui concerne d'abord le cas de la fille d'Epilykos, il faut observer, et Hruza lui-même est obligé d'en convenir, que rien ne prouve que Callias ait contracté mariage avec cette femme alors qu'il cohabitait encore avec Chrysias. Les termes dont se sert l'orateur témoignent plutôt qu'il n'y a là qu'un simple projet non réalisé (2). Hruza prétend néanmoins en tirer un argument en disant que le projet de Callias aurait très bien pu se réaliser si Andocide ne s'y était opposé. Mais il reste à savoir sous quelles conditions se serait opérée la nouvelle union de Callias avec la fille d'Epilykos, et si elle n'aurait pas supposé une nouvelle répudiation de Chrysias, répudiation d'autant plus facile que celle-ci était alors une vieille femme.

(1) II, p. 45.

(2) § 128 : Βούλεται λαβεῖν. — De même, au § 120, il est dit que Callias cherchait à obtenir de Léagros, moyennant une promesse d'argent, qu'il lui donnât en mariage la fille d'Epilykos : Ταύτην Καλλίας ἔπειθε Λέαγρον, χρήματα ὑπισχνούμενος, ἐᾶν αὐτὸν λαβεῖν.

Quant à la prétendue bigamie doublée d'inceste, elle ne nous paraît nullement résulter du plaidoyer d'Andocide. On ne peut nier, sans doute, qu'après avoir épousé la fille d'Ischomaque, Callias ait reçu la mère de celle-ci dans la maison conjugale et entretenu des relations avec elle. Nous reconnaissons aussi que, lorsqu'il a voulu introduire dans la phratrie l'enfant de Chrysias, Callias l'a présenté comme un enfant légitime (1), c'est-à-dire comme né d'une mère ἀστὴ καὶ ἐγγυητή (2), car les enfants nés *ex justis nuptiis* peuvent seuls être introduits dans la phratrie. Mais cela ne prouve pas nécessairement que Callias, s'il a été manifestement incestueux, ait été en même temps bigame. Andocide ne dit point, en effet, au § 124, que Callias a *épousé* Chrysias alors qu'il était encore uni en légitime mariage avec la fille d'Ischomaque, mais simplement qu'il a *pris*, ἔλαβε Chrysias, expression qui semble plutôt se référer à des relations illégitimes qu'à une union légale. Au § 128, il est vrai, Andocide dit de Callias : γυναῖκα τις γήμας ἐπέγημε τῇ θυγατρὶ τὴν μητέρα, d'où, nous l'admettons sans difficulté, il résulte bien que Callias a épousé successivement la fille et la mère. Mais ces deux mariages ont-ils existé simultanément? Rien ne le prouve. Nous voyons, au contraire, qu'après sa tentative de suicide, la fille d'Ischomaque divorce avec Callias, et, selon nous, c'est après ce divorce seulement que Callias a dû épouser Chrysias, légitimant ainsi les relations nouées antérieurement et qui avaient déterminé la fille d'Ischomaque au divorce. C'est à ce remplacement de la fille par la mère qu'Andocide fait deux fois allusion en disant, aux §§ 125 et 128 : ἐξήλασεν ἡ μήτηρ τὴν θυγατέρα. On comprend alors qu'ayant épousé Chrysias, après son divorce avec la fille d'Ischomaque, Callias ait pu présenter à la phratrie comme γνήσιος l'enfant de Chrysias après l'avoir désavoué une première fois, en raison probablement des doutes qu'il avait sur sa paternité.

Le dernier cas de bigamie que l'on a voulu tirer des plaidoyers des orateurs se rencontrerait dans le discours de Lysias

(1) § 127 : Λαβόμενος τοῦ βωμοῦ ὤμοσεν ἦ μὴν τὸν παῖδα ἑαυτοῦ εἶναι γνήσιον ἐκ Χρυσιάδος γεγονότα.

(2) Cf. Démosthène, *adv. Neær.*, § 60; Isée, *de Apollod. her.*, § 15.

sur les biens d'Aristophane. L'orateur y affirme que Conon et Nicophème, dont les fils habitaient Athènes, avaient l'un et l'autre une femme et un enfant dans l'île de Chypre (1). Ce cas est encore moins décisif, à notre avis, que ceux précédemment examinés. Rien n'établit, en effet, qu'il s'agisse ici d'un acte de bigamie. Conon (2) et Nicophème pouvaient très bien, après s'être établis dans l'île de Chypre, avoir convolé régulièrement à de secondes noces, que leur premier mariage eût été dissous par la mort ou par le divorce (3).

On a voulu, d'autre part, fonder l'existence de la bigamie à Athènes non seulement sur les plaidoyers dont nous venons de parler, mais encore sur ce fait que deux des plus illustres Athéniens, Socrate et Euripide auraient été bigames. Mais ce second mode de démonstration ne nous paraît pas plus solide que le premier. Sans doute, en ce qui concerne d'abord Socrate, son double mariage est attesté par de nombreuses autorités, non seulement par des auteurs païens, mais encore par des auteurs chrétiens (4). Outre Myrto, fille d'Aristide le Juste, Socrate aurait eu en même temps pour épouse la fameuse Xanthippe, dont le nom est devenu proverbial. Mais la fausseté de cette assertion, qui avait déjà été prouvée autrefois par Panétius, l'a été de nouveau dans les temps modernes par Luzac (5) et il ne peut, à notre avis y avoir le moindre doute à ce sujet. La bigamie de Socrate est, en effet, absolument incompatible avec le caractère du philosophe. D'un autre côté,

(1) Lysias, *de bon. Aristoph.*, § 36. Cf. Platner, *Process.*, II, p. 146 note. Cet auteur estime toutefois que la défense d'avoir plusieurs femmes ne s'appliquait qu'aux citoyennes athéniennes, et qu'il était permis d'avoir une femme à Athènes et une autre à l'étranger.

(2) Conon était l'ami intime d'Évagoras, roi d'une partie de l'île, ainsi que nous l'apprend Isocrate dans son éloge du prince cypriote; *Éloge d'Évagoras*, § 52.

(3) Cf. Thonissen, *Le droit pénal de la République athénienne*, p. 526; Buermann, p. 583, note.

(4) V. notamment : Plutarque, *Aristide* c. 17; Diogène Laërce, II, c. 16; Athénée, XIII, c. 2; Cyrille d'Alexandrie, *c. Julian.* VI, p. 186. Théodoret, *Cur. gr. aff.* XII, p. 175 — V. les différent auteurs cités à ce sujet par Luzac, *De digamia Socratis*, p. 8 et s.

(5) *Loc. cit.*

on ne rencontre chez ses contemporains, pas plus parmi ses disciples ou amis que parmi ses adversaires, notamment chez les poëtes comiques qui le poursuivaient de leurs railleries, aucune trace d'une semblable situation, qui cependant n'eût point manqué d'attirer l'attention. Ce sont des péripatéticiens, Satyre et Hiéronyme de Rhodes, hostiles au grand philosophe, qui ont lancé contre leur adversaire l'accusation de bigamie en s'appuyant sur un passage assez obscur du traité d'Aristote περὶ εὐγενείας. Quant au décret du peuple en faveur de la bigamie invoqué par Hiéronyme pour justifier son assertion, ou bien, comme nous le verrons il n'a jamais existé, ou bien il a un autre sens. Sans insister davantage sur un point qui appartient plutôt, selon nous, à l'histoire de la philosophie qu'à l'histoire du droit, nous tiendrons pour une fable la prétendue bigamie de Socrate. La seule question qui puisse se poser est celle de savoir si cette accusation repose sur quelque fait réel et comment on peut en expliquer l'origine. Sur ce point, les explications varient parmi les partisans de la monogamie de Socrate. Pour les uns, Myrto est la seconde femme du philosophe, tandis que pour d'autres, notamment pour Luzac, elle a été sa première femme, et c'est après sa mort que Socrate a épousé Xanthippe. Mais l'invraisemblance de ces deux hypothèses a été, à notre avis, très bien démontrée par Zeller (1), et nous estimons, avec cet auteur, que l'union de Socrate avec Myrto doit être entièrement reléguée parmi les fables, mais que ce conte peut néanmoins s'expliquer d'une manière assez plausible (2).

La bigamie d'Euripide n'est pas mieux établie. Aulu-Gelle (3),

(1) *La philosophie des Grecs* (trad. Boutroux) t. 3, p. 59 et s.

(2) V. en ce sens : Meier, Schömann et Lipsius, p. 502, note 64; Caillemer, in Daremberg et Saglio, v° *Bigamie*, p. 710; Hruza, II, p. 42, qui tout en reconnaissant le caractère fabuleux de la bigamie de Socrate, y puise cependant un argument en faveur de sa théorie sur la bigamie athénienne. — Buermann (*loc. cit.*, p. 584) a essayé de rajeunir la thèse de la bigamie de Socrate en enseignant que le philosophe, s'il n'avait pas simultanément deux épouses, avait du moins à la fois une épouse et une concubine légitime. V. *infrà*.

(3) *Noct. att.*, XV, c. 20 : « Mulieres fere omnes in majorem modum exosus fuisse (Euripides) dicitur, sive quod natura abhorruit a mulie-

en effet, est le seul auteur qui en parle, et encore sans indiquer la source à laquelle il aurait puisé. Ce témoignage isolé ne saurait prévaloir contre le silence des contemporains du grand poëte tragique, qui, dans leur empressement à le tourner en ridicule, n'auraient pas manqué de lui reprocher sa bigamie. Le double mariage d'Euripide paraît, du reste, a priori, peu vraisemblable, quand précisément celui qu'on accuse de bigamie était bien connu pour son antipathie pour les femmes, et avait même mérité, pour ce motif, l'épithète de μισογύνης. Cette bigamie est, en outre, peu conciliable avec les beaux sentiments exprimés par le poëte dans Andromaque, lorsqu'il dit : « Jamais je n'approuverai qu'un homme partage son amour entre deux femmes et qu'il y ait dans une même maison des enfants nés de deux mères épouses à la fois (1). » Nous observerons enfin que le texte d'Aulu-Gelle sur lequel on a voulu fonder la bigamie d'Euripide présente, par la manière même dont il est rédigé (*sive-sive*), comme une simple hypothèse le double mariage du poëte. L'exemple d'Euripide doit donc être écarté comme celui de Socrate (2).

Pour établir la possibilité de la bigamie à Athènes, on a, d'autre part, fait valoir la considération suivante. Si, a-t-on dit, la bigamie était interdite, les mariages contractés contrairement à la prohibition de la loi devraient être nuls et traités comme tels, et les enfants nés d'une union réprouvée par la loi devraient être réputés illégitimes, νόθοι. De plus, ceux qui se trouvaient ainsi engagés dans les liens d'un double mariage, condamné par les mœurs ainsi que par la loi, devaient être l'objet d'un blâme sévère. Or, on voit qu'il n'en est rien, soit que l'on se réfère aux plaidoyers des orateurs, soit que l'on consulte les comédies qui reflétaient les mœurs du temps (3).

Ainsi, d'abord, si l'on prend le plaidoyer d'Andocide sur

rum cœtu, sive quod duas simul uxores habuerit, quum id decreto ab Atheniensibus facto jus esset, quarum matrimonio pertædebat. »

(1) Androm., v. 464 et s. — Cf. v. 177 : Οὐδὲ γὰρ καλὸν δυοῖν γυναικοῖν ἄνδρ' ἕν' ἡνίας ἔχειν.

(2) Luzac, p. 42 ; Van den Es, p. 2 ; Caillemer, *loc. cit.*; Hruza, p. 43-44. — Buermann (*loc. cit.*, p. 595) renonce également à placer Euripide à côté de Socrate comme pratiquant le concubinat légitime.

(3) Hruza, II, p. 47 et s.

les mystères, on y voit que l'orateur ne met nullement en doute la validité du mariage de Callias avec Chrysias, bien que ce soit une union bigamique. Il n'exprime ni étonnement, ni blâme que Callias et les gennètes traitent comme γνήσιος l'enfant issu d'une semblable union, et aucune objection n'est soulevée contre la légitimité de cet enfant. Si le double mariage avait été non point nul, mais seulement blâmé par l'opinion publique, quelle belle occasion pour Andocide d'en faire le thème de ses invectives contre son adversaire! Loin de là, l'orateur se borne à critiquer l'inceste de Callias, mais sans dire un mot de sa bigamie. La même conclusion ressort du plaidoyer d'Isée sur la succession de Philoctémon. Si l'union bigamique était frappée de nullité et si les enfants qui en naissent étaient considérés comme illégitimes, tous les incidents de cette affaire seraient incompréhensibles. De même enfin, si l'on se réfère aux plaidoyers de Démosthène contre Bœotos, on ne comprendrait pas comment celui-ci, qui était l'aîné de Mantithée, n'aurait pas attaqué la légitimité de ce dernier en se prévalant du caractère bigamique de l'union de Mantias avec la mère de Mantithée, union postérieure à celle de Mantias avec Plangon, mère de Bœotos.

Une dernière preuve que la bigamie n'était point réprouvée par les mœurs se trouve dans la comédie de Térence intitulée *Phormion* et qui n'est qu'une imitation de l'ἐπιδικαζόμενος d'Apollodore, auteur comique de la première moitié du IIIe siècle av. J.-C. On peut d'autant mieux se fier aux indications du poëte latin qu'il place encore la scène de sa pièce à Athènes. Or, on y voit que Chrémès, citoyen athénien, avait en même temps deux épouses légitimes, l'une à Athènes, nommée Nausistrata, et une autre à Lemnos. Celle-ci est constamment désignée comme *uxor* (1) et sa fille considérée comme légitime (2), et tout donne lieu de croire qu'il s'agit d'un véritable mariage. Chrémès, il est vrai, s'efforce de tenir

(1) V. 941 : Hic quandam noram, quoius vir uxorem... Lemni habuit aliam. — V. 1005 (in Lemno), uxorem habuit. — V. 1040 : adeon indignum hoc tibi videtur, filius homo adulescens si habet unam amicam, tu uxores duas.

(2) Elle est nommée *filia*, ou *gnata* : V. 568, 749 et s., 873 et s.

secrète l'union qu'il a contractée à Lemnos, mais c'est uniquement en raison de la terreur que lui inspire sa femme Nausistrata et non par crainte de voir son mariage de Lemnos annulé par la justice (1). Chrémès est donc bien engagé simultanément dans les liens d'un double mariage et, pour l'auteur comme pour le public devant qui se jouait la pièce d'Apollodore, la validité du mariage de Lemnos ne fait pas de doute (2).

Il est facile, après les explications que nous avons déjà données sur l'interprétation des plaidoyers d'Andocide, d'Isée et de Démosthène, de répondre aux arguments qu'on en a tirés pour dire que l'union bigamique n'était ni annulée par la loi, ni réprouvée par les mœurs. En ce qui concerne d'abord le plaidoyer d'Andocide, nous avons établi que les deux mariages de Callias avec la fille d'Ischomaque et avec Chrysias ont été successifs et non point simultanés. Il n'y a donc rien d'étonnant que la validité de son mariage avec Chrysias ne fasse aucun doute et que l'on considère, sans aucune difficulté, comme γνήσιος l'enfant issu de cette union. De même, pour le cas d'Euctémon, nous avons démontré que celui-ci n'a jamais été bigame. Pareillement enfin, pour le cas de Mantithée, nous avons admis que Mantias n'a point été simultanément le mari de Plangon et de la mère de Mantithée. Il est donc tout naturel que la légitimité de ce dernier n'ait jamais été mise en doute par ses adversaires.

On ne peut davantage, à notre avis, trouver dans la comédie de Térence une preuve du caractère licite de la bigamie. Il n'est pas sûr, d'abord, a priori, d'argumenter d'une comédie écrite en latin, à une époque relativement récente et qui est

(1) V. 585 : Vereor ne uxor aliqua hoc resciscat mea, quod si fit, ut me excutiam atque egrediar domo. — V. 744 : Conclusam hic habeo uxorem sævam verum istoc me nomine eo perperam olim dixi, ne vos forte imprudentes foris effutiretis, atque id porro aliqua uxor mea rescisceret.

(2) C'est aussi à peu près la conclusion de Buermann (p. 582). Il admet la légitimité de la fille que Chrémès a eue à Lemnos et, par suite, l'ἐγγύησις de Chrémès avec sa mère. Il ne voit point cependant dans l'union de Lemnos un véritable mariage, mais seulement un concubinat légitime. — V. *infrà*.

plutôt un arrangement qu'une traduction de la pièce originale d'Apollodore. Si, d'ailleurs, on se reporte à la comédie de Térence, la situation de Chrémès n'apparaît point telle qu'on la dépeint. Lorsqu'en effet, Nausistrata est mise au courant de la conduite de son mari par le parasite Phormion, Chrémès est loin de prendre l'attitude qu'il aurait dû avoir si la bigamie avait été autorisée par les lois. Au lieu de répondre aux reproches de Nausistrata en disant que, puisqu'il est permis d'être bigame à Athènes, à plus forte raison a-t-il la faculté d'avoir une seconde femme à Lemnos, il tremble devant sa femme, avoue sa faute, et son frère Démiphon intercède pour lui auprès de l'épouse courroucée. Si Chrémès avait été dans son droit, au lieu de laisser son frère plaider les circonstances atténuantes (1), et dire de lui à Nausistrata : *orat, confitetur, purgat, quid vis amplius* (2)? il n'aurait pas manqué de répondre aux reproches de sa femme (3) en se prévalant de la loi ou de la coutume qui aurait justifié sa manière d'agir. Son attitude, au contraire, est uniquement celle d'un mari qui a trompé sa femme avec une maîtresse. De plus, le fait par Chrémès de tenir secrète à Athènes son union de Lemnos et de s'être présenté dans cette dernière ville sous un faux nom, celui de Stilpo, montre bien à quelles critiques sa conduite devait l'exposer lorsqu'elle serait connue, et ses procédés ne sont nullement ceux d'un homme qui est ou se croit dans son droit. L'autorité du comique latin est, du reste, ici d'autant plus contestable qu'il semble ignorer que Chrémès, par le seul fait de son mariage avec une étrangère, encourait une amende de mille drachmes (4). Il faut donc renoncer à voir dans la comédie de Térence une preuve à l'appui de la bigamie attique. L'argument tiré du Phormion serait, du

(1) Acte v, scène 9 :

Nam neque negligentia tua, neque odio id fecit tuo,
Vinolentus, fere abhinc annos quindecim, mulierculam
Eam compressit.

(2) *Ibid.*

(3) Facinus indignum et malum, dit Nausistrata (*ibid.*), en parlant de la conduite de son mari.

(4) Cf. Demosthène, *in Neæram*, § 16. — C'est là, du moins l'interprétation généralement admise mais fort contestable, de ce texte.

reste, facilement combattu à l'aide d'autres comédies de Plaute où sont également représentées des scènes de la vie athénienne. Dans plusieurs de ces pièces, comme la *Cistellaria*, l'*Epidicus*, où l'auteur met en scènes des filles issues des unions secrètes d'un citoyen d'Athènes, jamais il n'essaie de réhabiliter ces unions clandestines et de les comparer au mariage légal, et l'on n'y trouve pas un seul mot qui fasse allusion à la faculté qu'aurait eue un Athénien d'avoir en même temps deux femmes légitimes. De plus, l'intrigue du *Mercator* est absolument incompatible avec la théorie de la bigamie ou même avec celle du concubinat légitime, et l'on ne comprendrait point les expressions de *noxia*, *delictum* appliquées au mari coupable, si celui-ci avait eu le droit d'avoir simultanément deux épouses. L'indignation de la femme légitime et ses menaces de divorce sont également incompréhensibles si le mari, en entretenant une autre femme, n'avait fait qu'user d'une faculté reconnue par la loi (1).

Il nous reste, pour terminer l'exposé des diverses preuves à l'aide desquelles on a voulu justifier la théorie de la bigamie athénienne, à parler d'une loi qui aurait été votée au temps de la guerre du Péloponèse pour remédier à la dépopulation causée par la guerre et par la peste, et qui aurait autorisé la bigamie ou tout au moins le concubinat légitime. L'existence de cette loi est attestée par Diogène Laërce (2), Athénée (3) et Aulu-Gelle (4). Les deux premiers en parlent à propos des deux femmes de Socrate, le dernier à l'occasion de la bigamie d'Euripide. Diogène Laërce s'exprime ainsi : φασὶ γὰρ (c'est-à-dire Satyre et Hiéronyme de Rhodes) βουληθέντας Ἀθηναίους διὰ τὸ λειπανδρεῖν συναυξῆσαι τὸ πλῆθος ψηφίσασθαι, γαμεῖν μὲν ἀστὴν μίαν, παιδοποιεῖσθαι δὲ καὶ ἐξ ἑτέρας. La version d'Athénée est différente : εἰ μὴ ἄρα συγκεχωρημένον κατὰ ψήφισμα τοῦτο ἐγένετο τότε (c'est-à-dire à l'époque de Socrate) διὰ σπάνιν ἀνθρώπων ὥστ' ἐξεῖναι καὶ δύο ἔχειν γυναῖκας τὸν βουλόμενον. παρέθετο δὲ τὸ περὶ τῶν γυναικῶν ψήφισμα Ἱερώνυμος ὁ Ῥόδιος, ὅπερ σοι διαπέμψομαι εὐπορήσας τοῦ

(1) Cf. Luzac, p. 61-62.
(2) II, 26.
(3) XIII, 2, p. 556, a.
(4) *Noct. att.*, XV, 20.

βιβλίῳ. Quant à Aulu-Gelle, il dit, en parlant d'Euripide : « ... sive quod duas simul uxores habuerat, quum id decreto ab Atheniensibus facto jus esset. »

Les deux textes grecs précités sont loin d'avoir la même portée. Celui de Diogène Laërce ne permet littéralement qu'une femme légitime ; ce qui est permis avec l'autre femme, c'est d'avoir des enfants, παιδοποιεῖσθαι, sans qu'il soit question d'un autre mariage, ni, par conséquent, de bigamie légale (1). Le texte d'Athénée (traduit par Aulu-Gelle) semble, au contraire, autoriser expressément la bigamie, δύο ἔχειν γυναῖκας. Ces deux textes sont cependant, d'après leurs auteurs, empruntés à une même source, à savoir à Hiéronyme de Rhodes. Or, cette divergence est, à priori, une raison sérieuse de suspecter leur authenticité. Une autre raison non moins grave, c'est qu'on ne voit cette prétendue loi sur la bigamie mentionnée que par deux péripatéticiens, Satyre et Hiéronyme, à l'appui de leurs accusations contre la bigamie de Socrate, tandis que des historiens éminents comme Xénophon, Thucydide et Diodore de Sicile, qui nous ont raconté tous les détails de la guerre du Péloponèse et tous les événements qui se sont passés à Athènes à cette occasion, ne font aucune allusion à une semblable loi. Cependant une mesure aussi extraordinaire n'aurait pas manqué d'attirer leur attention aussi bien que les lois relatives à la concession du droit de cité dont ils font mention. Si, d'autre part, la loi sur la bigamie a été réellement édictée, elle n'a dû être cependant qu'une loi de circonstance et temporaire, et il est probable qu'elle n'a pas dû demeurer en vigueur longtemps après la guerre du Péloponèse. Néanmoins aucun écrivain, historien, orateur ni poëte, ne fait mention de son abrogation.

(1) Hruza (II, p. 53) observe, à ce sujet, que la disposition du décret, tel que le rapporte Diogène Laërce, n'a pas de sens, qu'on la considère comme une permission ou comme un ordre. Si, en effet, l'ἑτέρα est une citoyenne ou une femme libre, il y aurait là une autorisation du *stuprum* qui ne serait guère concevable ; si l'on a songé à une femme non libre, la permission légale serait tout à fait superflue. Il est singulier, d'ailleurs, que Diogène Laërce se serve d'un pareil décret pour justifier ses assertions sur la bigamie de Socrate, attendu que le décret dit expressément : γαμεῖν μὲν ἀστὴν μίαν et que Diogène Laërce parle toujours du double mariage de Socrate.

Enfin le motif même donné par Diogène Laërce à la loi, et qui est tiré de la dépopulation d'Athènes à l'époque de la guerre du Péloponèse, est tout à fait insuffisant pour justifier la mesure édictée. Il y avait, en effet, d'autres mesures à prendre que d'autoriser la bigamie légale pour remédier à cette dépopulation et assurer le repeuplement de la cité.

Il y a donc lieu, suivant nous, de reléguer dans le domaine de la fable la prétendue loi sur la bigamie aussi bien que le double mariage de Socrate à l'occasion duquel il en est fait mention. Ce sont, du reste, les accusations lancées par les péripatéticiens contre le grand philosophe qui ont été l'origine même de cette loi. Comme l'observe très justement Hruza (1), la version d'Hiéronyme, d'après laquelle Socrate était marié simultanément à Myrto et à Xanthippe, avait besoin d'une justification vis-à-vis des doctrines d'Aristote sur l'essence du mariage. Or, cette justification était trouvée, si l'on établissait que la bigamie était autrefois permise, en général, à Athènes, et que, d'autre part, d'après les lois de Dracon, la παλλακή que l'on avait ἐπ' ἐλευθέροις παισὶν (2) était mise sur le même pied que l'épouse légitime, δάμαρ, en cas d'adultère, et qu'ainsi il était permis en même temps de γαμεῖν et de παιδοποιεῖσθαι ἐξ ἑτέρας γυναικός. Etant alors admis que les mœurs et les lois étaient, à Athènes, beaucoup plus libres que ne le comportaient les doctrines d'Aristote, la bigamie de Socrate ne pouvait plus soulever d'objection sérieuse (3).

(1) II, p. 51.

(2) Démosthène, *c. Aristocr.*, § 53; Lysias, *De cæde Erat.*, § 30. — Hruza (II, p. 55, note 72) remarque que les termes de la loi de Dracon servent à expliquer la fabrication de la prétendue loi sur la bigamie. En effet, aux expressions δάμαρ et παλλακή ἐπ' ἐλευθέροις παισὶν de la loi de Dracon correspondent exactement celles de γαμεῖν et de παιδοποιεῖσθαι de la loi sur la bigamie.

(3) V. en ce sens : Luzac, p. 65 et s. — Cf. Van den Es, p. 4; Meier, Schömann et Lipsius, p. 502, note 64. — Buermann, qui se prononce, au contraire, pour l'authenticité de la loi en question, en fait un des fondements de sa théorie du concubinat légitime. — V. *infrà*. — Suivant Gide (*Condition de la femme*, p. 77) la loi en question signifierait qu'un citoyen pouvait légitimer les enfants qu'il aurait eus d'une concubine, à la seule condition que celle-ci fût Athénienne et

Si, comme nous avons essayé de le démontrer, la théorie de la bigamie athénienne ne peut se fonder ni sur les plaidoyers des orateurs, ni sur la prétendue loi de bigamie, peut-elle du moins se justifier par d'autres considérations plus ou moins sérieuses? Nous ne le pensons pas davantage. On a allégué l'existence certaine de la polygamie chez des peuples voisins de la Grèce et l'on a dit qu'il serait étonnant que les Grecs, et surtout les Athéniens, fussent restés étrangers à une institution qu'ils voyaient pratiquer dans des pays avec lesquels leur commerce les mettait en relations constantes. Nous répondrons que la monogamie peut très bien, au contraire, avoir été un des caractères distinctifs du droit grec, incontestablement supérieur à celui des Thraces, des Cariens ou des Lydiens, par exemple, et nous avons vu qu'en ce qui concerne précisément le mariage, Athénée (1) qualifie de βαρβαρικὸν le principe polygamique, alors qu'il désigne l'union monogamique comme Ἑλληνικὸν καὶ ἄμεινον.

On a dit, d'autre part, que le but du mariage, tel que le conçoivent les Athéniens, et qui est la procréation des enfants, est plutôt favorable à la polygamie qu'à la monogamie. Cela est vrai, mais il ne faut pas s'exagérer ce but. Ce que recherche un citoyen dans le mariage, c'est moins d'avoir beaucoup d'enfants que de s'assurer un continuateur de sa personne, de son culte, et, à cet effet, il lui suffit d'une seule épouse légitime. Aussi voyons-nous qu'à Rome, où la procréation des enfants afin d'assurer la transmission des *sacra* était également la principale fin du mariage, on n'a cependant jamais conçu la possibilité du mariage entre un homme et plusieurs femmes (2). Que si l'épouse chargée de donner des enfants est stérile, le mari peut la répudier, à moins qu'il ne préfère

non point étrangère. D'après le même auteur (p. 82), toute la différence entre la monogamie de la Grèce et la polygamie de l'Orient, se réduit à ceci, c'est qu'en Asie les enfants de la concubine sont de plein droit membres de la famille, tandis qu'à Athènes ils ne peuvent y entrer que par le bénéfice d'une légitimation qui, d'ailleurs, dépend entièrement de la volonté de leur père.

(1) XIII, c. 3. — V. *suprà*, p. 5, note 1.

(2) Si loin que reportent en arrière les traditions romaines, on n'y voit apparaître aucune trace de polygamie. — V. May, *Éléments de droit romain*, t. I, p. 118, note

recourir à l'adoption ; mais la bigamie ne lui est point indispensable.

On a encore invoqué, à l'appui de la théorie de la bigamie, l'impunité dont jouit à Athènes le mari lorsqu'il viole la foi conjugale. Mais précisément, à notre avis, cette liberté donnée au mari de satisfaire ses passions sans courir le moindre risque, sans même, peut-être, l'exposer au divorce par la volonté de sa femme, devait le détourner de la bigamie, s'il n'avait aucune raison sérieuse d'introduire une nouvelle épouse dans la maison conjugale. Dans ce dernier cas, la facilité du divorce lui rendait encore la bigamie inutile.

La bigamie, par contre, nous paraît bien difficilement conciliable avec ce fait, attesté par Démosthène (1), qu'un citoyen déjà marié devait commencer par répudier sa femme lorsqu'il voulait, en qualité de plus proche parent, épouser une fille épiclère. Si évidemment la bigamie eut été possible, le parent qui se trouvait en pareille situation, y aurait recouru plutôt que de répudier une femme qu'il aimait peut-être et dont, en tous cas, la dot n'était pas à dédaigner (2). On a objecté, il est vrai, que ce Protomaque, dont parle Démosthène et qui a répudié sa femme pour épouser une riche épiclère, ne pouvait guère agir autrement sans s'exposer, de la part de sa nouvelle épouse, à une εἰσαγγελία κακώσεως, car l'épiclère n'aurait pas supporté la présence d'une rivale au foyer conjugal (3). Cette objection ne nous touche pas, car il nous est impossible d'admettre que l'archonte ait pu voir une κάκωσις, de la part de Protomaque, dans ce qui n'aurait été que l'exercice d'un droit légitime, consacré par la loi et par les mœurs.

La bigamie serait, en outre, contraire à l'idéal du mariage tel que nous le présentent les philosophes, non seulement les péripatéticiens, mais encore Xénophon et Platon, disciples de Socrate, le prétendu bigame. Ainsi, dans son *Économique*, lorsqu'il nous fait assister à l'entretien d'Ischomaque et de sa jeune épouse et qu'il nous introduit dans la famille athénienne au moment où la nouvelle mariée va prendre possession de sa

(1) *Adv. Eubulid.*, § 41.

(2) Van den Es, p. 2; Ciccoti, p. 14.

(3) Hruza, II, p. 32, note 2.

royauté domestique, Xénophon ne suppose point qu'elle puisse jamais être appelée à la partager avec une autre épouse. De plus, la définition même qu'il donne du mariage, ζεῦγος ὃ καλεῖται θῆλυ καὶ ἄρρεν (1), est incompatible avec l'idée de bigamie. Platon, d'autre part, dans son traité des Lois (2), pose des règles qui ne sont manifestement applicables qu'au mariage monogamique. La bigamie serait, en outre, inconciliable avec les idées religieuses qui président à l'organisation de la famille et à l'association de l'épouse au culte du mari. Le témoignage d'Hérodote (3) concorde d'ailleurs avec les conceptions des philosophes. Cet historien nous dit, en effet, en décrivant les mœurs des Égyptiens, qu'ils n'épousent qu'une seule femme, comme les Grecs (4).

Si la bigamie avait réellement été pratiquée à Athènes, la distinction des enfants en légitimes et en bâtards, qui apparaît à peine parmi les nations livrées à la polygamie, ne serait point si nettement affirmée dans le droit attique, et cela dès l'époque la plus reculée (5). On retrouverait, d'autre part, les traces de la terminologie usitée pour désigner les unions bigamiques (6). Si enfin il avait été fait échec une seule fois au principe monogamique, ce ne serait pas seulement des cas plus ou moins douteux de bigamie que l'on aurait à signaler, mais encore des cas de trigamie et de polygamie avec un nombre plus ou moins considérable de femmes, suivant la richesse ou les passions de chacun. Nous concluerons donc

(1) *Économique*, c. 7. — Cf. Luzac, p. 65.

(2) VI, 15-23.

(3) II, 92 : Καὶ τὰ ἄλλα καὶ γυναικὶ μιῇ ἕκαστος αὐτῶν συνοικέει κατά περ Ἕλληνες. Hruza (II, p. 15) ne veut voir qu'une chose dans le témoignage d'Hérodote, à savoir que le mariage monogamique formait la règle, mais sans exclure la possibilité de la bigamie.

(4) Cette similitude de législation entre l'Égypte et la Grèce, Athènes spécialement, paraît toute naturelle si l'on se réfère à la tradition que nous avons rapportée, et d'après laquelle l'égyptien Cécrops aurait introduit en Attique la monogamie.

(5) Cf. Viollet, *Histoire du droit civil français*, p. 465.

(6) Les expressions πολυγύναιος, πολύγαμος n'ont été employées qu'à une époque toute récente. — Cf. Pollux, *Onom.* III, 48, VI, 171 ; Athénée, XII, ch. 4 ; Strabon, XVII, p. 835.

sans hésiter à l'inexistence de la polygamie dans le droit attique (1).

Quant à la polyandrie, elle a été certainement inconnue à Athènes. Elle eût été d'ailleurs inconciliable avec la situation tout à fait inférieure que, dès la plus haute antiquité, la loi athénienne faisait à la femme. Si l'on trouve des traces de gynécocratie dans quelques cités grecques correspondant aux établissement des Cariens, Lydiens et autres peuples de race non aryenne, on en rencontre aucune dans les institutions d'Athènes (2).

Ce n'est pas seulement à Athènes que la monogamie était pratiquée et l'on peut poser en principe que, pendant toute la période historique, la Grèce fut monogame. Les renseignements qui nous sont parvenus sur les autres républiques grecques permettent à peine de citer deux ou trois exceptions à cette règle. Ainsi, d'abord à Sparte, en l'an 560, le roi Anaxandridas, n'ayant pu avoir d'enfants de sa femme et refusant de s'en séparer, reçut des éphores l'ordre de lui en adjoindre une seconde, sans néanmoins dissoudre son premier mariage, et il entretint un double train de maison pour les faire vivre séparément, ce qui, au dire d'Hérodote (3) ne s'était jamais vu auparavant. Pausanias (4) affirme également que ce fut le seul cas de ce genre à Sparte. Schömann (5) en cite cependant un autre, d'après d'Hérodote (6), celui du roi Ariston qui, ayant épousé une femme stérile, en prit une autre, puis, pour le même motif, une troisième en l'honneur de qui il répudia, il est vrai, l'une des deux premières. Mais le texte d'Hérodote ne s'interprète point néces-

(1) Cf. en ce sens : Lasaulx, *Studien*, p. 384, 385 ; Hermann-Blümner, p. 254 ; Nägelsbach, *Nachhomer. Theol.*, p. 273 ; Meier, Schömann et Lipsius, p. 501 ; Van den Es, p. 2 ; Ciccotti, p. 14 ; Gide, p. 82.

(2) Cf. Hruza, II, p. 55. — Cf. pour les institutions de Sparte, Jannet, *Instit. soc. à Sparte*, p. 101.

(3) V, c. 39 : Ταῦτα κελευόντων συνεχώρησε ὁ Ἀναξανδρίδης, μετὰ δὲ γυναῖκας ἔχων δύο διξὰς ἱστίας οἴκεε ποιέων οὐδαμῶς Σπαρτιητικά.

(4) III, c. 3, § 7.

(5) Trad. Galuski, t. I, p. 307.

(6) VI, c. 67.

sairement, à notre avis, dans le sens d'un double ou d'un triple mariage simultané, et il peut très bien se concilier avec l'hypothèse d'unions successives, le mariage précédent étant rompu par le divorce pour cause de stérilité de la femme (1). En définitive, à Sparte, où cependant les lois et les mœurs étaient si différentes de celles d'Athènes, surtout en ce qui concerne la formation du mariage et les devoirs des époux, on ne peut trouver aucune trace sérieuse de la polygamie. Le seul cas certain de bigamie peut s'expliquer par la raison d'État qui, dans la République lacédémonienne, a toujours primé toute autre considération (2).

On rencontre dans une autre cité grecque, à Syracuse, un exemple de bigamie. Denys l'Ancien, aurait, d'après Diodore de Sicile (3), épousé le même jour deux femmes, Aristomaque et Doris, en offrant à l'armée et aux citoyens de grandes fêtes à l'occasion de ce double et insolite mariage. Mais on ne peut tirer aucune conclusion d'un fait de ce genre, car un roi ou un tyran tout-puissant, comme Denys, pouvait facilement se mettre au-dessus des lois, des lois de la monogamie comme des autres.

Nous avons, par contre, la preuve qu'à Thurium la législation de Charondas n'autorisait point la bigamie. Ce législateur, en effet, avait privé de ses droits politiques tout veuf qui donnait une belle-mère aux enfants nés de son premier mariage (4). Or, une telle disposition serait incompréhensible si la bigamie, avait été permise ou usitée à Thurium.

(1) Cf. en ce sens, Hruza, II, p. 60.

(2) Hruza *(loc. cit.)*, tire, au contraire, de l'exemple d'Anaxandridas la même conclusion qu'il admet pour le droit attique, à savoir que si la bigamie n'était pas pratiquée à Sparte, elle n'y était point cependant prohibée par la loi.

(3) XII, c. 44.

(4) Diodore de Sicile, XII, c. 12 et 14. — Ainsi que l'observe Hruza (II, p. 56, note 1) les motifs donnés par Charondas en sont une nouvelle preuve, c. 12 : Ἔφη γὰρ τοὺς μὲν πρῶτον γήμαντας καὶ ἐπιτυχόντας δεῖν εὐημεροῦντας καταπαύειν, τοὺς δὲ ἀποτυχόντας τῷ γάμῳ καὶ πάλιν ἐν τοῖς αὐτοῖς ἁμαρτάνοντας ἄφρονας δεῖν ὑπολαμβάνεσθαι.

II. *Du concubinat.*

A Rome, le concubinat, après avoir été pendant longtemps un simple fait, sans réglementation légale, la concubine n'étant qu'une maîtresse vivant maritalement avec son amant, finit par être reconnu officiellement sous l'Empire et par constituer une sorte de mariage inférieur, mais n'ayant rien de honteux, et se distinguant des *justæ nuptiæ* par la seule intention des parties. Le concubinat produit alors certains effets juridiques propres, notamment il entraîne l'*affinitas;* les enfants qui en sont issus font éviter à leurs parents les peines portées contre le célibat par les lois caducaires, ils sont dits *naturales liberi* et non *spurii* et ont un père certain, que les Empereurs chrétiens condamnèrent à leur donner des aliments. D'autre part, le concubinat étant considéré comme une espèce de mariage, est incompatible avec les *justæ nuptiæ* non dissoutes, nul ne pouvant avoir à la fois une femme légitime et une concubine (1).

Le droit attique a-t-il connu une institution analogue? La question est aujourd'hui fort discutée, depuis que certains savants allemands ont soutenu la théorie du concubinat légitime. Cette théorie avait d'ailleurs été proposée, pour la première fois, par des auteurs français. Ainsi, en 1845 déjà, Cauvet (2) enseignait que « les lois d'Athènes, comme celles de Rome, admettaient une sorte de mariage inférieur, séparé du mariage véritable par l'intention des conjoints et surtout par l'absence de dignité de la femme. Cette union se formait et se rompait au gré des contractants, sans aucunes cérémonies civiles ou religieuses. Quelquefois la femme apportait une dot pour subvenir aux besoins du ménage, comme dans le mariage légitime; quelquefois aussi, bien qu'elle n'en apportât en réalité aucune, elle s'en faisait reconnaître une, afin que la nécessité pour son conjoint de la rendre prévînt, dans l'avenir, une ré-

(1) V. Accarias, t. I, n° 100; May, I, p. 97.

(2) Organisation de la famille à Athènes, *in Revue de législation*, 1845, p. 159.

pudiation qu'elle redoutait. » Gide, dans sa remarquable étude sur la *Condition de la femme*, admettait de son côté que le mari pouvait, tout en gardant sa femme, prendre aussi une concubine et légitimer, même pendant le mariage, les enfants qu'il avait d'elle, à condition qu'elle fût Athénienne. Dans une autre étude inédite, et écrite en 1867, il développait ainsi sa manière de voir : « Il faut, au sujet de la dot, distinguer deux sortes de concubines. Le commerce avec une femme étrangère était non seulement méconnu, mais encore condamné par la loi, et les enfants qui en naissaient étaient privés de tous droits civils; il ne pouvait donc, en ce cas, y avoir de dot véritable. Au contraire, on pouvait prendre une Athénienne pour concubine dans l'intention de légitimer les enfants qu'on aurait d'elle. Cette sorte d'union, expressément reconnue par les lois, paraît avoir été d'un usage fréquent à Athènes. En effet, sous une législation qui défendait à un père de déshériter ses enfants ou d'en adopter d'autres, c'était le seul moyen qu'eût un homme marié de priver ses enfants d'une partie de sa succession. Or, dans une semblable union, les biens apportés par la concubine devaient être conservés pour les enfants auxquels elle donnerait le jour, et constituaient, par suite, une sorte de dot qui, sous le nom particulier d'ἔκδοσις, était soumise à toutes les règles admises pour la dot de la femme (2). »

Buermann a repris récemment et développé avec beaucoup de talent ces idées dans des études fort remarquées (3). La conclusion à laquelle il arrive est qu'il existait à Athènes un concubinat, non seulement produisant des effets juridiques, mais encore légitime, que pouvait contracter tout citoyen d'Athènes, soit qu'il fût encore libre, soit qu'il fût déjà engagé dans les liens d'un mariage régulièrement existant et en employant les formes de l'ἐγγύησις, comme s'il se fût agi d'un mariage véritable. Les enfants nés de cette concubine ἐγγυητή étaient légitimes, γνήσιοι, aussi bien que ceux nés du mariage. La seule différence qui existât entre la femme légitime et la concubine

(1) P. 77 et 82.

(2) Extrait cité par Caillemer, *in* Daremberg et Saglio, v° *Dos*, p. 394.

(3) *Drei Studien auf dem Gebiete des attischen Rechts.*

ἐγγυητή était une différence de considération (1). Une autre cause d'infériorité de la concubine vis-à-vis de la femme légitime provenait de ce que celle-ci apportait habituellement une dot à son mari, tandis que la pallaque n'apportait rien à son quasi-mari. Tout au contraire, le kyrios de la pallaque avait soin, lors de l'engyésis, de se faire promettre par le quasi-mari une certaine somme pour le cas où, son caprice une fois passé, il renverrait sa concubine, et c'était même cette perspective d'un gain qui pouvait séduire les citoyens pauvres (2) et les décider à donner leurs filles en concubinat (3).

Le fondement de la théorie de Buermann est une loi de Dracon sur le meurtre, loi dont l'authenticité ne paraît pas pouvoir être contestée (4) et qui attribue au concubinat certains effets juridiques. Cette loi, citée par Démosthène (5) porte : Ἐάν τις ἀποκτείνῃ ἐν ἄθλοις ἄκων, ἢ ἐν ὁδῷ καθελὼν ἢ ἐν πολέμῳ ἀγνοήσας, ἢ ἐπὶ δάμαρτι ἢ ἐπὶ μητρὶ ἢ ἐπ' ἀδελφῇ ἢ ἐπὶ θυγατρὶ, ἢ ἐπὶ παλλακῇ ἣν ἂν ἐπ' ἐλευθέροις παισὶν ἔχῃ· τούτων ἕνεκα μὴ φεύγειν κτείναντα (6). Le concubin, surprenant un homme en flagrant

(1) Cf. Lysias, *De cæde Eratosth.*, § 31.

(2) Ce ne sont guère, d'après Buermann (p. 380) que les filles des citoyens pauvres qui entrent dans les liens du concubinat, ainsi que le prouvent, soit le plaidoyer d'Isée sur la succession de Pyrrhus (§§ 28, 29), où l'on voit que la παλλακή ne reçoit pas de dot, soit le cas de Plangon, concubine de Mantias et dont le père était mort insolvable (V. *suprà*, p. 12). Les femmes pauvres ne pouvant prétendre à un mariage convenable, devaient se contenter de la situation de concubine d'un homme riche.

(3) V. en ce sens : Philippi, *in Jarbücher für Classische Philologie*, t. XXV, 1879, p. 413 et s. (sauf en ce qui concerne la question de forme, V. *infrà*, p. 53) ; Forbiger, *Hellas und Rom*, I, p. 14 ; Müller-Busolt, *Handbuch*, IV, p. 141. — Gilbert, qui avait admis la théorie du concubinat légitime dans la première édition de son *Handbuch*, I, p. 182, l'a abandonnée dans sa seconde édition, I, p. 210. — Van den Es, p. 2 et s., n'est pas net sur cette question.

(4) Cf. Philippi, *Der Areopag und die Epheten*, 1874, p. 55 et 349 et s.

(5) *C. Aristocr.*, § 53.

(6) Lysias (*De cæde Eratost.*, § 31), dit à propos de cette même loi : Καὶ οὕτω σφόδρα ὁ νομοθέτης ἐπὶ ταῖς γαμεταῖς γυναιξὶ δίκαια ταῦτα ἡγήσατο εἶναι, ὥστε καὶ ἐπὶ ταῖς παλλακαῖς ταῖς ἐλάττονος ἀξίαις τὴν αὐτὴν δίκην ἐπέθηκε. Καίτοι δῆλον ὅτι, εἴ τινα εἶχε ταύτης μείζω τιμωρίαν ἐπὶ ταῖς

délit d'adultère avec sa concubine, peut ainsi le tuer impunément, comme il eût pu tuer l'amant de sa femme légitime. Mais quelle est alors précisément la situation de cette παλλακὴ ἣν ἂν ἐπ' ἐλευθέροις παισὶν ἔχῃ, assimilée dans une certaine mesure à l'épouse légitime? Buermann pose d'abord en principe que ce doit être une citoyenne. Il résulte, dit-il, d'un texte d'Isée (1) que les citoyens pouvaient donner leurs filles, en qualité de pallaques. Il paraît certain, d'autre part, qu'il ne pouvait y avoir adultère légal, dans le sens de la loi de Dracon, avec une étrangère, ξένη (2). Cette loi se réfère donc aux concubines citoyennes. De plus, comme un citoyen ne pouvait donner naissance à des esclaves qu'avec une femme esclave et non point avec une concubine de condition libre, il en résulte que le mot ἐλεύθερος de la loi de Dracon doit être pris dans le sens d'*ingenuus*, citoyen. Or, à l'époque de Démosthène, les enfants nés d'une citoyenne et non ceux d'une étrangère ayant seuls le droit de cité, il en résulte que la concubine légitime ne pouvait être qu'une fille de citoyen.

Cette concubine doit, d'autre part, être ἐγγυητή, car celui qui a des relations avec une citoyenne sans ἐγγύησις préalable, c'est-à-dire sans l'assentiment de son kyrios, ne pouvant être autre qu'un adultère, ne peut évidemment jouir de la protection de la loi de Dracon. Cette solution résulte également du plaidoyer d'Isée (3), où l'orateur nous montre que l'union ἐπὶ παλλακίᾳ repose absolument, comme le mariage, sur un contrat avec le kyrios de la femme. Donc, comme l'engyésis n'est autre chose, d'après son essence même, que la tradition formelle de la femme par le kyrios du mari, le plaidoyer d'Isée exprime indirectement que la pallaque citoyenne est ἐγγυητή à

γαμεταῖς, ἐποίησεν ἄν· νῦν δὲ οὐχ οἷός τε ὢν ταύτης ἰσχυροτέραν ἐπ' ἐκείναις ἐξευρεῖν, τὴν αὐτὴν καὶ ἐπὶ ταῖς παλλακαῖς ἠξίωσε γίνεσθαι. — Van den Es, p. 2-4 et Hermann (*Altt.*, § 118, 17) admettent, en se fondant sur cette loi, que le concubinat était, à Athènes, sanctionné par la loi.

(1) *De Pyrrhi her.*, § 39. — V. *infrà*, p. 50.

(2) Buermann (p. 573) argumente du plaidoyer de Démosthène c. Néera, § 72 : Τὴν τοίνυν περιφανῶς ἐγνωσμένην ξένην εἶναι καὶ ἐφ' ᾗ μοιχὸν οὗτος ἐτόλμησε λαβεῖν. — *Contrà*, Meier, Schömann et Lipsius, p. 403, note 591.

(3) *De Pyrrhi her.*, § 39.

celui qui la reçoit. Ce qui distingue alors la concubine de la femme légitime, c'est que, pour celle-ci, il n'y a pas seulement ἐγγύησις, mais en outre γάμος. L'engyésis, acte purement privé, suffit dans tous les cas pour former légalement l'union soit avec une épouse, soit avec une concubine et pour conférer la légitimité aux enfants de cette union. Mais, pour convertir celle-ci en un véritable mariage, il faut, de plus, un acte public, l'introduction de la femme dans la phratrie du mari, le γάμος. Ce dernier acte, qui est généralement considéré comme un accessoire de l'engyésis, est ainsi pour Buermann le critérium du mariage par opposition au concubinat (1).

Le lien du concubinat n'est point, du reste, à un certain point de vue, aussi fort que celui du mariage. Au dire d'Isée, en effet, le kyrios de la pallaque ne manquait pas, en la remettant à son concubin, de stipuler de celui-ci, au profit de la concubine, une somme aussi forte que possible, ἵνα μὴ ἐπ' ἐκείνῳ γένοιτο ῥαδίως ἀπαλλάττεσθαι, ὁπότε βούλοιτο, τῆς γυναικός (2). Le concubin avait donc le droit absolu de renvoyer sa concubine moyennant le paiement de la somme promise. C'est là, d'après Buermann (3), une nouvelle différence entre le mariage et le concubinat légitime. Le mariage ne pouvait, en effet, être rompu que de l'accord des deux parties au moyen d'une déclaration à l'archonte, ou, sur l'action intentée par l'une des parties, par sentence du juge. Le lien entre mari et femme était donc relativement plus solide que celui qui unissait les concubins.

La concubine légitime n'est point admise dans la maison conjugale avec l'épouse. C'est ainsi que Plangon, concubine

(1) A Rome, le concubinat du droit impérial se contracte sans plus de formalités que les *justæ nuptiæ*. Il est vrai que la loi 3, D. *De concub.* XXV, 7, exige des témoins pour contracter le concubinat avec une femme ingénue et honnête ; mais ce texte est probablement altéré. — Cf. Accarias, t. I, n° 100.

(2) *De Pyrrhi her.*, § 28.

(3) P. 580. Cet auteur argumente également en ce sens de la conduite d'Euctémon vis-à-vis de la sœur de Démocrate, qu'il avait prise pour concubine légitime et qu'il répudie dès qu'il a atteint son but et vaincu la résistance de son fils Philoctémon. — V. *Isée, de Philoct. her., suprà*, p. 21.

de Mantias, n'habite point sous le même toit que la femme légitime, fille de Polyaratos (1). En effet, selon Buermann, sans cette restriction, l'espèce de polygamie qui résulte de la coexistence d'un mariage et d'un concubinat ne saurait se concevoir, car l'épouse est autorisée par la loi à demander le divorce quand le mari entretient une hétaïre au domicile conjugal (2). Donc, comme l'injure serait la même, elle pourrait également demander le divorce, si le mari entretenait à côté d'elle une concubine dans ce même domicile.

Le concubinat légitime diffère enfin du mariage en ce qui concerne la situation des enfants de la concubine jusqu'à leur majorité. On voit, en effet, dans le plaidoyer contre Bœotos (3), que les fils de la concubine Plangon ont, pendant leur enfance, participé aux chœurs de la tribu de leur mère. C'est donc que les enfants nés d'un concubinat légitime, bien que jouissant de la même considération que les enfants nés d'un mariage, n'ont point *ipso facto* la jouissance des droits de filiation vis-à-vis de leur père naturel. Ils n'en sont investis que lorsque celui-ci les a introduits dans sa phratrie, comme il le fait pour les enfants nés du mariage, et les a ainsi officiellement reconnus comme siens. C'est à partir de ce moment qu'ils sont complètement assimilés aux enfants nés du mariage et font partie de l'οἶκος de leur père. Il y a donc là pour les enfants nés du concubinat une situation intermédiaire entre celle des enfants légitimes et celle des bâtards, νόθοι. Mais, d'après Buermann, elle n'a rien de surprenant et s'explique par la situation même de la mère. Celle-ci, étant citoyenne et ἐγγυητή, ses enfants sont, du jour de leur naissance, légitimes et peuvent, dès ce moment, prétendre à tous les privilèges honorifiques dont jouissent les enfants des autres citoyens. Toutefois, comme leur mère n'appartient point à l'οἶκος de leur père et qu'elle a son ménage indépendant, ils ne peuvent pas, comme les enfants nés du mariage, être comptés, dès leur naissance, dans l'οἶκος paternel; ils sont élevés dans la maison maternelle et font naturellement partie de la phratrie et de la tribu de leur

(1) Cf. Démosthène, c. *Bœot.* V. *suprà,* p. 17.
(2) Cf. Andocide, c. *Alcib*, § 14.
(3) I, § 28.

mère, jusqu'au jour de leur introduction dans la phratrie paternelle par une sorte de légitimation, εἰσποιήσις εἰς τὸν οἶκον (1).

Le concubinat légitime, ainsi compris, aurait été en vigueur à l'époque de Solon (2). Il était encore pratiqué au temps de Démosthène, mais, selon toute vraisemblance, il ne devait plus être beaucoup connu à l'époque d'Aristoxène. Celui-ci, en effet, en parlant de la bigamie de Solon, est obligé d'expliquer à ses lecteurs que le philosophe n'a point commis un acte illégal en vivant simultanément avec deux femmes. On doit donc en conclure que l'institution du concubinat légitime a commencé et fini avec les anciennes libertés d'Athènes et qu'elle a duré de Solon au commencement de l'époque macédonienne.

Pour justifier sa théorie, Buermann invoque non seulement la loi précitée de Dracon sur le meurtre, mais encore certains plaidoyers de Démosthène ou d'Isée où il prétend trouver des cas de concubinat légitime. Il invoque également l'exemple de Socrate, et il allègue enfin une loi qui aurait été votée à l'époque de la guerre du Péloponèse pour remédier à la dépopulation d'Athènes (3).

(1) Ce sont les termes employés par Isée (*de Philoct. her.*, § 22) lorsqu'il parle de l'union qu'Euctémon veut contracter avec la sœur de Démocrate pour vaincre la résistance de Philoctémon : Ἐγγυᾶται γυναῖκα Δημοκράτους τοῦ Ἀφιδναίου ἀδελφήν, ὡς ἐκ ταύτης παῖδας ἀποφανῶν καὶ εἰσποιήσων εἰς τὸν οἶκον. Suivant Buermann (p. 582), il y a là une preuve certaine que cette union d'Euctémon est un concubinat légitime. C'est seulement, en effet, pour les enfants nés de ce concubinat qu'il peut être question de les introduire ultérieurement εἰς τὸν οἶκον. Les enfants nés du mariage ne peuvent être l'objet d'une telle εἰσποίησις puisque, du jour même de leur naissance, ils appartiennent à l'οἶκος de leur père. Donc, en menaçant d'introduire ultérieurement dans son οἶκος les enfants qu'il se propose d'avoir avec la sœur de Démocrate, Euctémon déclare par là même qu'il veut prendre celle-ci non comme épouse, mais comme concubine.

(2) Buermann, p. 597.

(3) La loi 144, D. *De verb. signif.*, I, 16, pourrait laisser croire que les jurisconsultes romains avaient du concubinat une notion conforme à la théorie de Buermann. Elle porte, en effet : « Pellicem nunc vulgo vocari quæ cum eo, cui uxor sit, corpus misceat; quosdam eam, quæ uxoris loco sine nuptiis in domo sit, quam παλλακὴν Græci

En étudiant la question de la polygamie dans le droit attique, nous avons eu l'occasion d'exposer la portée des plaidoyers de Démosthène contre Bœotos et d'Isée sur la succession de Philoctémon, plaidoyers dans lesquels Buermann prétend rencontrer des cas de concubinat légitime. Nous avons établi d'abord, en ce qui concerne le premier plaidoyer, que Plangon n'a point été la concubine mais la femme légitime de Mantias, sans que cependant ce dernier ait été bigame, et nous avons montré que rien, dans ce discours, ne se réfère à un concubinat légitime. Nous avons dit, d'autre part, relativement au plaidoyer d'Isée, que l'orateur n'y fait aucune allusion à ce concubinat, et qu'au contraire, certaines expressions employées par lui sont plutôt de nature à laisser croire que l'intention d'Euctémon était de prendre la sœur de Démocrate non point pour concubine mais pour épouse(1). Quant à la double union de Socrate avec Myrto et Xanthippe, où l'on a voulu voir également un cas de concubinat légitime, nous avons admis qu'elle doit être considérée comme une fable. Il n'y a donc pas plus à en argumenter à l'appui de la théorie du concubinat légitime, qu'en faveur de celle de la bigamie. Enfin le concubinat de Chrémès, dans le Phormion de Térence, n'est pas mieux établi, car la femme qu'il entretenait à Lemnos n'est, ainsi que nous l'avons montré, qu'une maîtresse ordinaire. La preuve, du reste, qu'elle n'est point unie à Chrémès par un lien légal, comme celui du concubinat légitime, c'est que la conduite de Chrémès est blâmée, non seulement par sa femme Nausis-

vocant. » Il faut observer cependant que, d'après cette loi, la pallaque jouerait *in domo* le rôle d'une épouse inférieure, tandis que, d'après Buermann, la concubine légitime habite, au contraire, en dehors du domicile conjugal.

(1) Nous ajouterons qu'à la fin du plaidoyer, Isée, lorsqu'il somme son adversaire Androclès de prouver que ses clients sont les enfants légitimes, γνήσιοι, d'Euctémon, s'exprime en des termes qui supposent que cette preuve peut seulement résulter de l'existence d'un mariage véritable. § 64 : Οὐ γὰρ ἂν εἴπῃ μητρὸς ὄνομα, γνήσιοι εἰσιν, ἀλλ' ἐὰν ἐπιδεικνύῃ ὡς ἀληθῆ λέγει, τοὺς συγγενεῖς παρεχόμενος, τοὺς εἰδότας συνοικοῦσαν τῷ 'Εὐκτήμονι, τοὺς δημότας καὶ τοὺς φράτορας, εἴ τι ἀκηκόασι πώποτε ἢ ἴσασιν ὑπὲρ αὐτῆς Εὐκτήμονα λειτουργήσαντα. — Cf. Hruza, I, p. 29.

trata, mais encore par son frère Démiphon (1). Au surplus, si l'on devait admettre l'existence d'une double union de la part de Chrémès, ce serait plutôt pour la bigamie véritable qu'il faudrait opter, car Térence emploie le même terme, *uxor* (2), pour désigner à la fois la femme de Lemnos et Nausistrata.

Le plaidoyer d'Isée sur la succession de Pyrrhus fournit à Buermann un argument plus sérieux en apparence. Les faits à l'occasion desquels le procès s'est élevé sont les suivants. Pyrrhus, n'ayant d'autre enfant qu'une fille naturelle, nommée Philé, adopte et institue héritier Endius, fils de sa sœur, qui posséda pendant longtemps l'hérédité paternelle sans être inquiété par personne. A la mort d'Endius, ses biens revenant à la sœur de Pyrrhus, Xénoclès, mari de Philé, revendiqua la succession au nom de sa femme qu'il prétendait être une fille légitime de Pyrrhus. Mais il fut convaincu de faux témoignage, et la succession fut adjugée à la sœur de Pyrrhus. Celle-ci, poussant d'ailleurs les choses plus loin, attaqua en faux témoignage Nicodème, qui était venu témoigner en faveur de Xénoclès, en disant qu'il avait donné en mariage à Pyrrhus sa sœur, mère de Philé, et que celle-ci était la fille légitime de Pyrrhus (3).

Suivant Buermann, l'allégation de Nicodème porterait sur l'existence non point d'un mariage, mais seulement d'un concubinat légitime entre sa sœur et Pyrrhus, concubinat qui aurait été formé au moyen d'une ἐγγύησις. Le principal argument en faveur de cette interprétation est tiré du § 39, où l'orateur, après avoir dit que Nicodème, qui ne méprisait point l'argent, aurait certainement soigné ses intérêts, si l'union par lui alléguée avait réellement été conclue, ajoute : Καὶ οἱ ἐπὶ παλλακίᾳ διδόντες τὰς ἑαυτῶν πάντες πρότερον διομολογοῦνται περὶ τῶν δοθησομένων ταῖς παλλακαῖς· Νικόδημος δὲ ἐγγυᾶν μέλλων, ὥς φησι, τὴν ἀδελφὴν τὴν αὑτοῦ μόνον τὸ κατὰ τοὺς νόμους ἐγγυῆσαι διεπράξατο. L'orateur parait ainsi nous montrer Nicodème donnant sa sœur ἐπὶ παλλακίᾳ et en même temps procédant à une ἐγγύ-

(1) Acte V, sc. 8, v. 957 : Vides peccatum tuum esse elatum foras.

(2) V. notamment : Acte V, sc. 8, v. 939 ; sc. 9, v. 1039.

(3) C'est pour cette raison que Harpocration, v° Προσεποιήσατο parle du plaidoyer en question sous la rubrique κατὰ Νικοδήμου.

ησις. Cette manière de voir paraît confirmée par le rapprochement du § 28, où il est dit : Τοῦτο δ' εἰ δι' ἐπιθυμίαν τὴν ἐγγύην ὁ θεῖος ἡμῶν ἐποιεῖτο τῆς τοιαύτης γυναικὸς, δῆλον ὅτι κἂν ἀργύριον πολλῷ μᾶλλον ὁ ἐγγυῶν διωμολογήσατο ἔχειν. La seule question qui s'agite est de savoir s'il y a eu ou non ἐγγύησις et non point de savoir s'il y a eu ou non un mariage entre Pyrrhus et la sœur de Nicodème. C'est donc le concubinat de Pyrrhus qui a été allégué par Nicodème, concubinat fondé sur une engyésis.

Nous croyons, au contraire, que l'union de Pyrrhus avec la sœur de Nicodème, si elle a existé, comme l'affirme ce dernier, ne pouvait être qu'un mariage véritable et non un concubinat. Il faut, en effet, partir de ce point de vue, qui ne nous paraît pas contestable, qu'Isée, accusant Nicodème de faux témoignage, a dû employer son argumentation à combattre directement les allégations de Nicodème. Si donc l'orateur, comme nous allons le voir, s'efforce d'établir l'inexistence d'un mariage véritable entre Pyrrhus et la mère de Philé, c'est que Nicodème avait affirmé l'existence de ce mariage. Si Nicodème s'était contenté d'alléguer un simple concubinat, Isée aurait fait complètement fausse route en s'attaquant à un mariage dont on ne se prévalait point, et il aurait été exposé à voir toute son argumentation tomber devant cette exception de Nicodème que, sans prétendre aucunement à l'existence d'un mariage, il s'était borné à affirmer celle d'un concubinat. Or, si l'on parcourt le plaidoyer d'Isée, on voit qu'à chaque instant les arguments de l'orateur se réfèrent à un prétendu mariage de Pyrrhus et non à un concubinat. C'est ainsi d'abord qu'au § 4, lorsqu'Isée résume la déposition que Nicodème a eu l'audace de faire, il dit : ὅς γε ἐτόλμησε μαρτυρῆσαι ἐγγυῆσαι τῷ θείῳ τῷ ἡμετέρῳ τὴν ἀδελφὴν τὴν ἑαυτοῦ γυναῖκα εἶναι κατὰ τοὺς νόμους. A priori, l'ἐγγύησις, dont il est ici question, apparaît comme constitutive d'un mariage véritable, car on ne saurait considérer une simple concubine, παλλακή, comme la γυνὴ κατὰ τοὺς νόμους dont parle l'orateur (1). De même, au § 14, où Isée fait le tableau de la conduite désordonnée de la mère de Philé, il s'exprime ainsi : Καίτοι οὐ δή

(1) Ainsi que l'observe Hruza (I, p. 30, note 12), s'il s'était agi d'un concubinat, Nicodème aurait présenté sa sœur comme étant vis-à-vis de Pyrrhus παλλακὴν κατὰ τοὺς νόμους.

πού γε ἐπὶ γαμετὰς γυναῖκας οὐδεὶς ἂν κωμάζειν τολμήσειεν· οὐδὲ αἱ γαμεταὶ γυναῖκες ἔρχονται μετὰ τῶν ἀνδρῶν ἐπὶ τὰ δεῖπνα, οὐδὲ συνδειπνεῖν ἀξιοῦσι μετὰ τῶν ἀλλοτρίων. Ces désordres n'auraient pas pu se produire de la part d'une femme γαμετή ; c'est donc que Nicodème avait affirmé le mariage de sa sœur et non un concubinat. (1) Pareillement encore, au § 80, Isée admettant, par hypothèse, la véracité des allégations de Nicodème, dit, en parlant de Pyrrhus, εἰ ἦν γεγαμηκώς, s'il avait été marié, sans faire aucune allusion à la possibilité d'un concubinat. Enfin, au § 79, où l'orateur, arrivant à la fin de son discours, a dû présenter le meilleur des arguments qu'il avait en réserve, il tient le langage suivant pour convaincre son adversaire de faux : Καὶ περὶ τῆς τοῖς φράτορσι γαμηλίας μὴ ἀμνημονεῖτε. Οὐ γὰρ τῶν ἐλαχίστων πρὸς τὴν τούτου μαρτυρίαν τεκμήριον ἐστι τοῦτο. Δῆλον γὰρ ὅτι εἰ ἐπείσθη ἐγγυήσασθαι, ἐπείσθη ἂν καὶ γαμηλίαν ὑπὲρ αὐτῆς τοῖς φράτορσιν εἰσενεγκεῖν καὶ εἰσαγαγεῖν τὴν ἐκ ταύτης ἀποφανθεῖσαν θυγατέρα ὡς γνησίαν οὖσαν αὐτῷ. C'est donc que l'ἐγγύησις de Pyrrhus comportait la prestation de la γαμηλία, ou, en d'autres termes, qu'elle avait fondé un mariage et non un concubinat puisque, dans la théorie même de Buermann, le γάμος est le trait caractéristique du mariage par opposition au concubinat. Pour écarter l'argument que nous tirons de ce § 79, Buermann est obligé d'accuser l'orateur d'inexactitude et d'artifices oratoires. Mais nous ne voyons nullement la raison pour laquelle Isée aurait été obligé de recourir à un artifice de ce genre, si l'on admet que les enfants nés du concubinat sont légitimes et peuvent, comme tels, recueillir la succession paternelle.

Quant au § 39, il ne prouve nullement que la dation de la femme ἐπὶ παλλακίᾳ, dation dont nous nous réservons d'expliquer le véritable sens, comporte une ἐγγύησις. Ainsi qu'on l'a déjà remarqué (2), Isée, dans ce §, oppose le ἐπὶ παλλακίᾳ διδόναι à l'ἐγγύησις, et il argumente de la manière suivante : du

(1) Buermann (p. 639), dit qu'il résulte de ce texte que ce qui aurait été impossible à une épouse devait être permis à une concubine ἐγγυητή, et que celle-ci avait ainsi une plus grande liberté que la femme mariée. Mais cette observation ne détruit nullement la portée de l'argument que nous tirons du § 14.

(2) Zimmermann, p. 19 ; Hruza, II, p. 33, 34.

moment que ceux qui donnent comme concubine une femme soumise à leur puissance prennent soin de stipuler une certaine somme au profit de la pallaque en cas de renvoi de celle-ci, comment peut-on croire que Nicodème, s'il est vrai qu'il eût voulu donner sa sœur à Pyrrhus par ἐγγύησις, aurait négligé de stipuler une restitution éventuelle de la dot (προῖξ) constituée par lui à sa sœur (constitution déniée par l'orateur)? C'est donc un argument à fortiori que tire Isée de ce qui se passe en cas de dation ἐπὶ παλλακίᾳ pour nier la possibilité d'une constitution de dot, fait qui, s'il eût été prouvé, aurait été d'un grand poids en faveur de l'existence d'un mariage entre Pyrrhus et la sœur de Nicodème (1). Dès lors, le § 39, loin d'établir la formation d'un concubinat par voie d'engyésis, oppose nettement, au contraire, dans la forme comme dans le fond, le fait de δ[illegible] ἐπὶ παλλακίᾳ à celui d'ἐγγυᾶν. Aussi lorsque, dans notre plaidoyer, l'orateur fait allusion à l'union de Xénoclès et de Philé, qui est certainement un mariage, il emploie pour la désigner le verbe ἐνεγγυᾶν, comme si ce mot ne pouvait désigner qu'un mariage.

Ce n'est point, du reste, dans notre plaidoyer seulement qu'apparaît la véritable signification de l'expression ἐγγύησις. Ainsi, au § 29 du discours d'Isée sur la succession d'Astyphile, le mot ἐνεγγυᾶν pourrait très bien être remplacé par l'expression γάμους ποιεῖν (2). De même, dans le plaidoyer de Démosthène contre Eubulide, le rapprochement aux §§ 41 et 43 de l'ἐγγύησις et de la γαμηλία montre que l'engyésis comporte naturellement le γάμος et suppose ainsi le mariage. De plus, la formule du serment prêté lors de l'introduction d'un enfant dans la phratrie et qui nous est rapportée indifféremment dans les termes suivants : ἐξ ἀστῆς καὶ ἐγγυητῆς γυναικὸς (3), ἐξ ἀστῆς καὶ γεγονότα ὀρθῶς

(1) A propos des mots, μόνον τὸ κατὰ τοὺς νόμους, κ.τ.λ. du § 39, Schömann (sur Isée, p. 249) observe : « hoc unum egit, ut sororem suam rite ac legitime desponderet, dotis restitutionem aut alimenta sorori præbenda nihil curavit. »

(2) A l'inverse, dans le premier plaidoyer de Démosthène contre Onétor, § 21, l'expression, γάμους ποιεῖν est prise dans le sens d'ἐγγυᾶν. Philippi, *Jurbuch für Philol.*, 1879, p. 417.

(3) Isée, *de Cir. her.*, § 19 ; Démosthène, *c. Eubul.*, § 14 ; *in Næeram*, §§ 60 et 92.

(1) ἐξ ἀστῆς καὶ γαμετῆς γυναικὸς (2), montre bien que, pour les orateurs, l'ἐγγύησις fonde le mariage et non pas simplement le concubinat (3).

On ne saurait, dès lors, attribuer aucune valeur à l'argument que tire Buermann du § 6 du discours sur l'héritage de Pyrrhus et où l'orateur fixe le point à élucider dans les termes suivants : πότερον ἐξ ἐγγυητῆς ἢ ἐξ ἑταίρας ἡ ἀμφισβητοῦσα τοῦ κλήρου (Philé) τῷ θείῳ γυναικὸς ἦν. Si le mot ἐγγυητὴ avait eu, comme on le prétend, une double signification, et s'il avait servi à désigner la concubine aussi bien que la femme légitime, Isée n'aurait pas manqué d'en préciser le sens, car la détermination exacte du fait à prouver avait une importance capitale. L'emploi du mot ἐγγυητὴ sans autre addition prouve donc que, dans l'esprit de l'orateur comme dans celui des juges, cette expression ne pouvait avoir qu'un seul sens, et s'appliquait exclusivement à l'épouse légitime.

D'autres passages de ce même plaidoyer sont, en outre, en opposition avec la théorie de Buermann. Ainsi, au § 8, l'orateur demande qu'on lui dise si l'épouse prétendue de Pyrrhus (ἡ ἐγγυητὴ γυνὴ) a quitté la maison de son mari du vivant de celui-ci ou après sa mort seulement (4). Il demande de même, au § 78, qu'on établisse quel archonte cette femme a été trouver en quittant la maison de son mari (5). Or, si la sœur de Nicodème avait été seulement la concubine de Pyrrhus, elle n'aurait point pu quitter la maison de Pyrrhus puisque, dans

(1) Isée, *de Apollod. her.*, § 16.

(2) Isée, *pro Euphil.*, § 9.

(3) Cf. Philippi, *loc. cit.* Müller-Busolt, *loc. cit.* On peut encore alléguer en ce sens un passage des lois de Platon, liv. VIII, 774, e, où à propos du mariage incontestablement (Cf. προτέλεια γάμων), il est dit : Ἐγγύην δ' εἶναι κυρίαν πατρὸς μὲν πρῶτον, δευτέρου πάππου, τρίτην δὲ ἀδελφῶν ὁμοπατρίων. Pollux, (III, 21) dit, dans le même sens : Καὶ γνήσιος μὲν ὁ ἐκ γυναικὸς ἀστῆς καὶ γαμετῆς, νόθος δὲ ὁ ἐξ ξένης ἢ παλλακίδος.

(4) § 8 : Ἐπιθυμῶ δὲ πρῶτον μὲν περὶ αὐτοῦ τούτου πυθέσθαι, ἥντινα ποτε προῖκα φησὶν ἐπιδοὺς ἐκδοῦναι τὴν ἀδελφὴν ὁ μεμαρτυρηκὼς τῷ τὸν τριτάλαντον οἶκον κεκτημένῳ, εἶτα πότερον ἡ ἐγγυητὴ γυνὴ ἀπέλιπε τὸν ἄνδρα ζῶντα ἢ τελευτήσαντος τὸν οἶκον αὐτοῦ.

(5) § 78 : Ἐὰν μὴ ἀποφαίνῃ..... πρὸς ὁποῖον ἄρχοντα ἡ ἐγγυητὴ γυνὴ ἀπέλιπε τὸν ἄνδρα ἢ τὸν οἶκον αὐτοῦ.

la théorie du concubinat légitime, elle n'aurait pas dû y demeurer. D'autre part, l'importance que l'orateur attache au défaut de dot de la mère de Philé (et il revient à plusieurs reprises sur ce point), (1) montre bien que le témoignage de Nicodème avait porté sur l'existence d'un mariage entre sa sœur et Pyrrhus, car la constitution de dot est précisément un des signes caractéristiques du mariage (2).

Il est, au surplus, une des propositions de Buermann qui nous paraît inadmissible, à savoir celle par laquelle il exige de la concubine qu'elle soit citoyenne. Il n'arrive à ce résultat qu'en interprétant les mots ἐπ' ἐλευθέροις παισίν de la loi de Dracon citée par Démosthène dans le sens « d'enfants jouissant du droit de cité ». Or, c'est là forcer le sens du mot ἐλευθέρος qui signifie « libre » et non pas « citoyen ». Tous les enfants ἐλεύθεροι ne jouissent point nécessairement du droit de cité. Ainsi, les bâtards nés d'un citoyen et d'une pérégrine (3), les métèques sont libres, ἐλευθέροι, mais non citoyens. La loi de Dracon ne pourrait avoir le sens qu'on lui prête que si elle était ainsi conçue : ἐπὶ παλλακῇ ἣν ἂν ἐπὶ γνησίοις παισὶν ἔχῃ. C'est donc l'épouse ἀστὴ καὶ ἐγγυητὴ, ἀστὴ καὶ γαμετὴ qui seule peut donner le jour à des enfants légitimes, et non la pallaque : celle-ci ne peut engendrer que des νόθοι et non des γνήσιοι. Cette antithèse est d'ailleurs manifestement marquée dans le discours de Démosthène contre Næera, lorsque l'orateur établit entre l'hétaïre, la pallaque et l'épouse une comparaison sur la portée de laquelle nous aurons à revenir, et où il considère comme le privilège de l'épouse τοῦ παιδοποιεῖσθαι γνησίως. Donc celui qui veut avoir des enfants légitimes ne doit pas se contenter de prendre une pallaque, une concubine, il faut qu'il se marie.

(1) Cf. § 8 cité, *suprà*, p. 54, note 4; §§ 28, 35, 39.

(2) Cf. Hermann-Blümner, p. 264; Lallier, *De la condition de la femme dans la famille athénienne*, p. 149, note; Cailllemer, *Restitution de la dot*, p. 7, et in Daremberg et Saglio, vº *Dos*, p. 394; Mayer, *Die Rechte der Israeliten, Athener und Römer*, t. 2, p. 339; Zimmermann, p. 21.

(3) Cf. Denys d'Halicarnasse, or. 15 : Καὶ οὐδεὶς δοῦλος ἐστιν, ἀλλὰ μόνον οὐκ Ἀθηναῖος τῶν οὕτω γεννηθέντων, c'est-à-dire qui sont nés d'une union illégitime.

Le même plaidoyer de Démosthène en fournit une preuve évidente. L'orateur, se demandant ce que son adversaire pourrait alléguer pour la défense dit notamment : « Soutiendra-t-on que Néera n'est pas l'épouse de Stéphanos et qu'il l'entretient chez lui comme concubine? Mais les enfants nés d'elle et présentés à la phratrie par Stéphanos, mais sa fille donnée en mariage à un Athénien, prouvent d'une manière éclatante qu'elle est chez Stéphanos à titre d'épouse » (1). C'est donc que les enfants de la concubine, παλλακή, ne peuvent être introduits dans la phratrie, droit réservé aux enfants légitimes nés du mariage. L'orateur confirme un peu plus loin cette manière de voir lorsque, avant de faire la comparaison de l'hétaïre, de la pallaque et de l'épouse, il dit (2) que « vivre en mariage avec une femme, c'est avoir d'elle des enfants, présenter les fils à la phratrie et au dème, et donner les fils en mariage en qualité de père (3). »

Buermann allègue, à l'appui de sa théorie, la loi dont nous avons parlé à propos de la polygamie, et qui aurait été votée lors de la guerre du Péloponèse pour remédier à la dépopulation de la cité (4). Tenant cette loi pour authentique, il l'interprète en ce sens qu'elle permet à tout citoyen, outre l'épouse légitime et unique qu'il peut avoir, de donner le jour en même temps à des enfants légitimes avec une autre femme, qui serait alors la concubine légitime : γαμεῖν μὲν ἀστὴν μίαν, παιδοποιεῖσθαι δὲ καὶ ἐξ ἑτέρας. Les termes de cette loi, telle que la rapporte Diogène Laërce, correspondraient ainsi exactement aux termes du premier plaidoyer de Démosthène contre Bœotos, § 26 : γάμῳ γεγαμηκός... ἑτέραν εἶχε γυναῖκα, plaidoyer où Buermann prétend également trouver un cas de concubinat légitime.

(1) § 118 : Ἀλλ' οὐ γυναῖκα εἶναι αὐτοῦ ἀλλὰ παλλακὴν ἔχειν ἔνδον; ἀλλ' οἱ παῖδες ταύτης ὄντες καὶ εἰσηγμένοι εἰς τοὺς φρατέρας ὑπὸ Στεφάνου καὶ ἡ θυγάτηρ ἀνδρὶ Ἀθηναίῳ ἐκδοθεῖσα περιφανῶς αὐτὴν ἀποφαίνουσι γυναῖκα ἔχοντα.

(2) § 122 : Τὸ γὰρ συνοικεῖν τοῦτ' ἔστιν, ὃς ἂν παιδοποιῆται καὶ εἰσάγῃ εἴς τε τοὺς φρατέρας καὶ δημότας τοὺς υἱεῖς καὶ τὰς θυγατέρας ἐκδιδῷ ὡς αὐτοῦ οὔσας τοῖς ἀνδράσι.

(3) Cf. Gilbert, I, p. 210, note 5 ; Zimermann, p. 26. — V. toutefois Schæfer, *Phil. Anzeig.*, 1837, p. 403 et s.

(4) *Suprà*, p. 34.

Cet auteur met toutefois en doute le motif et l'époque qui sont assignés à la loi par Diogène Laërce, et il estime que cette loi remonte à une époque beaucoup plus reculée que la guerre du Péloponèse. Il en place la promulgation vers l'époque de la loi qui permettait de tuer impunément le complice de la pallaque adultère saisie *in flagranti delicto* (1), et il en conclut que l'institution du concubinat légitime était déjà officiellement reconnue avant Solon.

Pour nous, qui considérons comme une invention des péripatéticiens la prétendue loi citée par Diogène Laërce, par Athénée et par Aulu-Gelle, nous écartons forcément toute induction que l'on voudrait en tirer en faveur, soit de la bigamie, soit du concubinat légitime. En ce qui concerne, du reste, spécialement ce dernier, l'argumentation de Buermann nous paraît prêter à la critique, à plusieurs points de vue. Il la fonde, en effet, exclusivement sur le texte de Diogène Laërce et sur l'opposition qui paraît en résulter entre les mots γαμεῖν μὲν ἀστὴν μίαν et ces autres παιδοποιεῖσθαι δὲ καὶ ἐξ ἑτέρας. Mais le texte de la loi, tel qu'il est rapporté par Athénée et par Aulu-Gelle, parle de deux épouses légitimes, traitées sur le même pied, δύο ἔχειν γυναῖκας τὸν βουλόμενον, *duas simul uxores*, sans que l'on soit autorisé à voir dans l'une d'elles une épouse légitime et dans l'autre une simple concubine. La loi en question serait ainsi plus favorable à la théorie de la bigamie qu'à celle du concubinat légitime. Il est enfin tout à fait singulier, à notre avis, de ne prendre dans le texte de Diogène Laërce que la partie qui serait favorable à la théorie du concubinat légitime en rejetant les motifs donnés à la loi par ce même auteur (2).

(1) *Suprà*, p. 44.

(2) Caillemer (*in* Daremberg et Saglio, v° *Bigamie*, p. 210), tout en n'admettant pas l'authenticité de la loi, enseigne que, si on la tient cependant pour authentique, on peut dire qu'elle eut pour objet d'autoriser exceptionnellement les Athéniens mariés à user du concubinat, soit avec une citoyenne, soit avec une étrangère et de conférer la légitimité aux enfants nés de cette union. Mais, ajoute cet auteur, sans en donner, du reste, aucune preuve, cette faveur temporaire cessa sous l'archontat d'Euclide après le rétablissement de la démocratie ; les enfants nés de personnes régulièrement mariées eurent seuls, à partir de cette époque, les droits d'enfants légitimes.

Il nous reste, pour terminer cet examen de la théorie du concubinat légitime, à rechercher la portée de la loi de Dracon sur le meurtre, loi qui a fourni un des arguments les plus sérieux donnés à l'appui de cette théorie. Cette loi permet, comme nous l'avons vu, à celui qui possède une pallaque ἣν ἂν ἔχῃ ἐπ' ἐλευθέροις παισίν, de tuer impunément celui qu'il surprend avec elle en flagrant délit d'adultère. Il s'agit de savoir quelle est la situation de la pallaque visée par la loi de Dracon.

Dans un texte souvent cité, l'auteur du discours contre Néera indique quels sont, d'après lui, les caractères distinctifs de l'hétaïre, de la pallaque et de l'épouse : « Nous prenons, dit-il, une hétaïre pour nos plaisirs, une pallaque pour recevoir d'elle les soins journaliers qu'exige notre corps, et une épouse pour avoir des enfants légitimes et une gardienne fidèle de tout ce que contient notre maison (2). » D'après cette définition, la pallaque apparaît plutôt comme une servante que comme une concubine (3). Mais ce n'est point évidemment aux pallaques de ce genre que s'applique la loi de Dracon, car ce qui caractérise celles dont l'adultère est prévu par cette loi, c'est la παιδοποιία, c'est qu'elles sont destinées avant tout à donner naissance à des enfants libres, tandis que la pallaque du discours contre Néera est plutôt une esclave (4).

Abstraction faite des hétaïres libres ou affranchies, et qui, nouant des relations plus ou moins prolongées avec un Athénien, sont quelquefois aussi qualifiées de παλλακαὶ (5), il est

(1) Faut-il, pour l'application de cette loi, que les enfants ἐλεύθεροι soient nés de cette pallaque, ou suffit-il de l'intention de donner naissance à de tels enfants? C'est la dernière interprétation qui paraît la plus vraisemblable. — Cf. Meier, Schömann et Lipsius, p. 501, note 64; Hruza, II, p. 81.

(2) § 122 : Τὰς δὲ γὰρ ἑταίρας ἡδονῆς ἕνεκ' ἔχομεν, τὰς δὲ παλλακὰς τῆς καθ' ἡμέραν θεραπείας τοῦ σώματος, τὰς δὲ γυναῖκας τοῦ παιδοποιεῖσθαι γνησίως καὶ τῶν ἔνδον φύλακα πιστὴν ἔχειν.

(3) Il est question d'une παλλακή de ce genre dans le discours d'Antiphon, portant accusation d'empoisonnement. Cette pallaque assiste son maître dans les sacrifices (§ 17) et le sert à table (§ 19). Aulu-Gelle (*Noct. att.*, II, c. 23), parle également d'une pallaque esclave qui figure dans une comédie de Ménandre.

(4) Hruza, II, p. 83.

(5) C'est ainsi qu'Athénée (XIII, c. 62) qualifie Lagista de παλλακή

une autre catégorie de pallaques, celles dont parle Isée dans son plaidoyer sur l'héritage de Pyrrhus, où il nous dit, au § 39 : ἐπεὶ καὶ οἱ ἐπὶ παλλακίᾳ διδόντες τὰς ἑαυτῶν πάντες πρότερον διομολογοῦνται περὶ των δοθησομένων ταῖς παλλακαῖς. On entend généralement ce texte d'Isée en ce sens que le kyrios d'une Athénienne, jouissant du droit de cité, pouvait la donner en qualité de παλλακή à un citoyen, lequel s'obligeait par contrat à certaines prestations immédiates ou à venir au profit de la pallaque (1) et l'on applique alors la loi de Dracon à cette sorte de pallaques. Nous estimons, au contraire, avec Hruza (2), dont nous adoptons pleinement les conclusions, d'une part, que le texte d'Isée n'a point pour objet la tradition d'une femme libre à titre de pallaque, et, d'autre part, que la loi de Dracon était sans application à l'époque où la citait l'auteur du discours contre Aristocrate.

Tout d'abord, l'interprétation qu'on donne au texte d'Isée paraît inconciliable avec la rigueur déployée par le législateur athénien contre les proxénètes. La loi sur la prostitution, au témoignage d'Eschine (3), condamnait celle-ci et menaçait des peines les plus rigoureuses ceux qui livraient à la débauche une femme ou une enfant libre (4). Il serait, dès lors, bien difficile d'admettre qu'un père ou un frère eût possédé le droit de donner ἐπὶ παλλακίᾳ sa fille ou sa sœur. A quelles conditions, d'ailleurs, le pouvoir du kyrios se serait-il exercé? Le consentement de la femme était-il nécessaire? L'af-

Ἰσοκράτους, et Apollodore (Démosthène, *c. Nœeram*, § 118) appelle également Néera la pallaque de Stéphanos. Mais le cas d'une citoyenne vivant avec un homme en dehors du mariage était extrêmement rare et toutes les hétaïres étaient des étrangères ou des affranchies. — Cf. Schömann-Galuski, I, p. 590.

(1) Cf. Wachsmuth, *Hellen. Altert.*, II, p. 167; Van den Es, p. 2; Ciccotti, p. 63; Hermann-Blümner, p. 253; Schömann-Galuski, t. I, p. 530; Meier, Schömann et Lipsius, p. 501, note 64; Buermann, p. 573; Becker, *Charikles*, II, p. 448, III, p. 278; Caillemer, *in* Daremberg et Saglio, v° *Dos*, p. 394; Dareste, *Plaidoyers civ. de Démosth.*, I, p. 108; Gilbert, I, p. 210, note 4.

(2) II, p. 83 et s.

(3) *C. Timarch.*, § 14.

(4) Cf sur la répression du proxénétisme : Thonissen, *Droit pénal de la République athénienne*, p. 335; Meier, Schömann et Lipsius, p. 410; Hruza, II, p. 75.

firmative paraît probable si l'on songe que la tradition de la femme à titre de pallaque lui enlève la possibilité du mariage. Mais cette solution serait, d'autre part, contraire à l'esprit du droit attique concernant le mariage et les pouvoirs du kyrios. Quelle aurait été, en outre, la situation de la femme vis-à-vis de celui qui la recevait du kyrios? Etait-elle seulement l'objet d'un simple contrat de louage, ou bien se formait-il entre elle et son concubin certaines relations de famille? Voilà des questions, et il y en a d'autres encore, que soulève l'application du texte d'Isée à des pallaques citoyennes, et auxquelles on ne saurait trouver une solution.

Aussi ce texte se réfère-t-il, à notre avis, à des pallaques esclaves (1). Le maître d'une esclave pouvait la louer à un amant pour un temps plus ou moins long : Plaute et Térence parlent plusieurs fois, dans leurs comédies, de contrats de ce genre. Dans ce contrat, au lieu de stipuler, comme dans la vente, un prix payé une fois pour toutes, le maître exige de l'amant certaines prestations au profit de la concubine, tant que celle-ci restera dans la maison de son amant, et de plus une sorte de dédit en cas de renvoi. Ainsi interprété (2), le passage en question d'Isée s'enchaîne parfaitement avec ce qui suit, et l'on comprend l'argument tiré par l'orateur des précautions prises par le maître d'une pallaque pour dire que Nicodème n'était point assez peu soucieux de ses intérêts pour ne pas agir de la même manière, et ne pas garantir sa sœur

(1) Les pallaques sont généralement désignées comme esclaves. Ainsi Platon (*Leges*, VIII, c. 8, p. 841, d, e) lorsqu'il oppose la γυνὴ γαμετὴ aux παλλακαί dit de ces dernières : ὠνηταῖς εἴτε ἄλλῳ ὁτῳοῦν τρόπῳ κτηταῖς. Les pallaques des Perses sont également achetées, au dire d'Hérodote, (Hérodote I, c. 135) et d'Athénée (XIII, c. 3). De même, l'opposition faite par certains auteurs (Hérodote, I, c. 173; Pollux, *Onom.*, III, § 21) entre les mots ἀστή, ξένη et παλλακή laisse bien supposer que cette dernière appartient à la classe des esclaves. Hruza, II, p. 87.

(2) Cette interprétation, comme l'observe Hruza (II, p. 86), permet seule d'expliquer le mot πάντες employé par l'orateur au § 33. S'il s'agit, en effet, d'une pallaque esclave, celui qui la prostitue (πορνοβοσκός) a toujours intérêt à faire les stipulations dont parle Isée. S'il s'agissait, au contraire, d'une pallaque citoyenne, la situation respective de son kyrios et de l'amant pouvait varier considérablement suivant les cas, et Isée n'aurait pas pu parler d'une règle suivie par *tous* ceux qui donnent τὰς ἑαυτῶν ἐπὶ παλλακίᾳ.

contre une répudiation arbitraire par la menace de la restitution d'une dot réellement constituée ou du moins simulée. Du moment qu'Isée se borne à dire, d'une façon concise, οἱ ἐπὶ παλλακίᾳ διδόντες τὰς ἑαυτῶν, rien n'oblige à dire qu'il s'agit ici d'un kyrios livrant sa fille ou sa sœur (θυγατέρας ou ἀδελφάς), et il est plus rationnel, à notre avis, d'admettre qu'il est ici question d'un maître disposant de son esclave (δούλας ou θεραπαίνας). Or le texte d'Isée étant le seul d'où l'on puisse induire l'existence d'un concubinat stipulé entre une pallaque citoyenne et un Athénien, on ne peut songer à appliquer la loi de Dracon à une pallaque de ce genre. Il pouvait, sans doute, arriver qu'une citoyenne fît le métier de courtisane et vécût comme concubine d'un citoyen; mais ce n'était là qu'un simple fait pour lequel le législateur n'avait pas posé de règles spéciales.

A quelles personnes pouvait donc s'appliquer la loi de Dracon? Elle vise, comme nous l'avons vu, la παλλακὴ ἣν ἂν ἐπ' ἐλευθέροις παισὶν ἔχῃ. Or la concubine susceptible de donner ainsi le jour à des enfants libres peut d'abord être une hétaïre libre. Mais si l'on songe à la rigueur déployée par Dracon contre la prostitution, on admettra difficilement que ce législateur ait voulu en quelque sorte la légaliser en assimilant l'adultère de l'hétaïre à celui de la femme mariée (1).

Quant aux pallaques esclaves, il faudrait d'abord supposer, pour que la loi de Dracon leur fût applicable, que les enfants nés d'elles et d'un citoyen sont libres, ἐλεύθεροι. Or, c'est une question très douteuse que celle de savoir si ces enfants suivent la condition de leur mère ou celle de leur père (2). Si l'on tient pour cette seconde solution, on pourrait alors songer à appliquer aux pallaques esclaves la loi de Dracon. Le droit exclusif du maître sur sa pallaque justifierait même dans une certaine mesure l'application de cette loi à celui qui se rendrait coupable de *stuprum* en même temps que d'une atteinte au droit de propriété du maître. Néanmoins cette conclusion nous

(1) Athénée (XIII, c. 42) parle, il est vrai, de μοιχεία à propos d'une παλλακή de ce genre, mais sans dire qu'une poursuite fût possible contre le μοιχός. Cf. Hruza, II, p. 89.

(2) Cf. Dareste, *La science du droit en Grèce*, p. 120; Hruza, II, p. 90.

semble bien difficile à admettre, si l'on envisage la situation tout à fait inférieure qu'occupaient les pallaques esclaves, ainsi qu'en témoigne le discours d'Antiphon (1) et le plaidoyer contre Néera. Cette situation exclut l'idée que son maître la possède ἐπ' ἐλευθέροις παισὶν, et il est peu vraisemblable que Dracon ait voulu mettre cette pallaque sur le même pied que l'épouse légitime, δάμαρ et considérer son infidélité comme un adultère fournissant une excuse légale en cas de meurtre.

En définitive, à l'époque de Démosthène, la loi de Dracon, citée par cet orateur, ne comportait plus d'application possible, parce qu'il n'existait plus de παλλακαὶ de l'espèce visée par la loi. Il faut observer, du reste, que l'orateur ne la cite point pour en tirer un argument auprès des juges; il la mentionne accidentellement, en énumérant les crimes qui peuvent être punis de mort (2). Quelles pouvaient donc être les pallaques auxquelles se référait la loi de Dracon? On en est réduit sur ce point à des conjectures. Néanmoins l'explication proposée par Hruza nous paraît assez vraisemblable. A l'époque héroïque, les παλλακαὶ se trouvaient dans une situation relativement favorable, et leurs enfants naissaient libres, bien qu'elles fussent esclaves. Cela n'avait, du reste, rien d'étonnant si l'on songe que ces pallaques étaient le plus souvent d'un rang égal à celui de leurs maîtres, et que leur esclavage avait ordinairement pour cause les malheurs de la guerre ou un rapt. Mais ces causes de servitude devinrent tous les jours de plus en plus rares en Grèce, et par suite, les pallaques de cette catégorie durent peu à peu disparaître. Mais, à l'époque de Dracon, il y avait pour le concubinat un élément qui ne se rencontre plus après la promulgation des lois de Solon. Les coutumes abrogées par ce dernier permettaient, en effet, la vente des enfants et, au témoignage de Plutarque (3) nombre de parents se trouvaient contraints à une pareille vente par la misère. Dès lors, quand un Athénien riche acquérait à titre de παλλακὴ la fille d'un de ses concitoyens, la situation de cette pallaque devait être beaucoup plus relevée que celle d'une esclave achetée, et les enfants qu'elle avait devaient être

(1) V. *suprà*, p. 58, note 3.
(2) Cf. Zimmermann, p. 25.
(3) *Vit. Solon*, c. 13.

autrement traités que les νόθοι des temps postérieurs. Peut-être même ces enfants, tout en ne venant qu'après les γνήσιοι, étaient ils préférés aux collatéraux en ce qui concerne les droits de famille et de succession. En tout cas, ils naissaient libres, ἐλεύθεροι, et l'on comprend que le législateur ait cherché à prévenir, par un châtiment sévère, l'adultère de cette concubine qui se rapprochait plus, en un sens, de l'épouse que de la pallaque d'Antiphon.

Lorsque Solon eut interdit la vente des enfants et privé, d'autre part, les enfants naturels de tous droits de famille, la loi de Dracon perdit sa raison d'être (1) et la disposition relative à la pallaque suprise en flagrant délit d'adultère aurait dû disparaître, lors de la révision de Solon, comme conséquence des lois nouvelles. Si néanmoins elle a été conservée, c'est que Solon a, par exception, maintenu en bloc les lois de Dracon sur le meurtre (2). Mais la disposition dont nous nous occupons n'était plus applicable, faute d'objet. Aussi Platon n'y fait-il aucune allusion lorsqu'il s'occupe des meurtres légitimes (3).

Nous arrivons donc à cette double conclusion, d'une part, que le texte d'Isée relatif à ceux qui donnent τὰς ἑαυτῶν ἐπὶ παλλακίᾳ ne s'applique qu'à des pallaques esclaves livrées par leur maître à un amant pour un temps plus ou moins long, d'autre part, que la loi de Dracon sur le meurtre de la pallaque ἣν ἂν ἐπ' ἐλευθέροις παισὶν ἔχῃ, se trouvait tacitement abrogée à l'époque des orateurs par suite de la disparition du genre de pallaques qu'elle visait. Ainsi tombent deux des plus sérieux arguments sur lesquels on a voulu fonder la théorie du concubinat légitime. Aussi rejetons-nous sans hésiter cette théorie

(1) Il dut encore y avoir des παλλακαὶ αἰχμάλωτοι, mais, comme l'observe Hruza (II, p. 92), leur situation dut naturellement se ressentir de celle qui était faite à leurs enfants.

(2) Plutarque, *Sol.*, c. 17; Aristote, *Constit. des Athèn.*, c. 7; Gilbert, I, p. 138, note 2.

(3) Platon, *Leg.*, c. 12, p. 874, c. — V. *suprà*, p 44, note 6, la manière dont Lysias, dans son discours sur le meurtre d'Eratosthène, s'exprime à propos de la loi de Dracon Le passage en question quoiqu'en pense Hruza, serait plutôt, nous le reconnaissons, de nature à laisser supposer que la loi de Dracon était encore applicable à l'époque de Lysias.

qui, du reste, ne peut non plus, comme nous l'avons établi, trouver d'appui dans les autres plaidoyers d'Isée ou de Démosthène. Le concubinat, selon nous, n'a jamais constitué à Athènes une union analogue, quoique inférieure, au mariage. C'était, sans doute, un fait qui pouvait ne pas paraître aussi choquant aux anciens qu'aux modernes (1), et l'infidélité du mari n'étant point réprimée par la loi, du moins lorsqu'elle n'avait pas lieu dans la maison conjugale, un citoyen marié pouvait très bien entretenir ailleurs une maîtresse. Mais ces relations, loin d'être légitimées par la loi, n'étaient même pas excusées par l'opinion. Aussi lorsque Démosthène parle de celles que Mantias a eues avec Plangon tout en étant déjà marié avec la fille de Polyaratos, il qualifie cette conduite d'irrégulière (2). De même, le fait de Chrémès qui, marié à Athènes, entretient une concubine à Lemnos, est blâmé non seulement par sa femme mais encore par son ami Démiphon (3). Le concubinat ne saurait donc être comparé en aucune manière au mariage : il n'en produit aucun des effets, et notamment les enfants qui en naissent sont simplement bâtards, νόθοι (4). Le concubinat ne produit même aucune conséquence juridique, si l'on admet que la loi de Dracon sur le meurtre de la pallaque adultère n'était plus applicable à l'époque des orateurs (5). C'est, en définitive, un simple fait, dont le législateur ne s'occupe en aucune façon et à l'égard duquel les mœurs ne se montrent point très sévères.

(1) Caillemer (*in* Daremberg et Saglio, v° *Concubinatus*, p. 1435) cite à ce sujet un livre de droit syro-romain de Bruns et Sachau où il est question d'un homme qui a deux femmes et des enfants de l'une et de l'autre, tout ce monde vivant en bonne harmonie. D'autre part, le *Corpus inscriptionum latinarum* (t. V, p. 1, n° 1318) reproduit un monument sur lequel l'image du défunt, P. Cervonius, a été sculptée entre celle de Cincia, sa femme et celle de Cilia, sa concubine.

(2) *Adv. Bœot.*, II, § 5 : μὴ ὀρθῶς διεπράξατο.

(3) V. *suprà*, p. 49.

(4) Cf. en ce sens : Meier, Schömann et Lipsius, p. 501, note 64; Lewy, *De civili condicione mulierum græcarum*, p. 28 ; Gilbert, 2e édit., I, p. 210 et 511 ; Zimmermann, p. 10 et s. ; Caillemer, *in* Daremberg et Saglio, v° *Concubinatus*, et v° *Dos ;* Hruza, I, p. 25 et s., et II, p. 74 et s.

(5) *Contrà :* Caillemer, *loc. cit.*, v° *Concubinatus*.

www.ingramcontent.com/pod-product-compliance
Ingram Content Group UK Ltd.
Pitfield, Milton Keynes, MK11 3LW, UK
UKHW021148230726
13926UKWH00002B/997